供应商可持续实践研究

Research on Sustainable Suppler Practices

陈银飞 著

图书在版编目（CIP）数据

供应商可持续实践研究 / 陈银飞著. -- 武汉：湖北人民出版社, 2024. 12.
ISBN 978-7-216-10941-3

Ⅰ. F259.22

中国国家版本馆CIP数据核字第2024U3A855号

责任编辑：刘天闻
封面设计：董　昀
责任校对：范承勇
责任印制：蔡　琦

供应商可持续实践研究
GONGYINGSHANG KE CHIXU SHIJIAN YANJIU

出版发行：湖北人民出版社	地址：武汉市雄楚大道268号
印刷：武汉市籍缘印刷厂	邮编：430070
开本：787毫米×1092毫米 1/16	印张：11.25
字数：196千字	插页：3
版次：2024年12月第1版	印次：2024年12月第1次印刷
书号：ISBN 978-7-216-10941-3	定价：48.00元

本社网址：http://www.hbpp.com.cn
本社旗舰店：http://hbrmcbs.tmall.com
读者服务部电话：027-87679656
投诉举报电话：027-87679757
（图书如出现印装质量问题，由本社负责调换）

国家社科基金后期资助项目
出版说明

  后期资助项目是国家社科基金设立的一类重要项目,旨在鼓励广大社科研究者潜心治学,支持基础研究多出优秀成果。它是经过严格评审,从接近完成的科研成果中遴选立项的。为扩大后期资助项目的影响,更好地推动学术发展,促进成果转化,全国哲学社会科学工作办公室按照"统一设计、统一标识、统一版式、形成系列"的总体要求,组织出版国家社科基金后期资助项目成果。

全国哲学社会科学工作办公室

目　录

第一章　绪论 …………………………………………………………… 1
　　第一节　问题的提出 ………………………………………………… 1
　　第二节　可持续供应链管理研究现状分析：主导企业视角 ……… 3
　　第三节　可持续供应链管理研究趋势分析：供应商视角 ………… 6
　　第四节　研究内容与方法 …………………………………………… 9
　　第五节　研究创新 ………………………………………………… 14

第二章　可持续供应商管理与供应商可持续绩效：供应商可持续
　　　　　实践的中介 ……………………………………………… 16
　　第一节　可持续供应商管理措施 ………………………………… 17
　　第二节　主导企业可持续管理驱动下的供应商可持续实践行为
　　　　　　模式 ……………………………………………………… 19
　　第三节　供应商可持续绩效概念模型 …………………………… 22
　　第四节　研究设计与实证分析 …………………………………… 27
　　第五节　本章小结 ………………………………………………… 41

第三章　不同可持续动机驱动下的供应商可持续实践 ……………… 43
　　第一节　供应商可持续实践的动机 ……………………………… 43
　　第二节　可持续动机与供应商可持续实践的概念模型与研究假设 …46
　　第三节　研究设计 ………………………………………………… 50
　　第四节　数据分析与模型检验 …………………………………… 51
　　第五节　实证分析结果讨论 ……………………………………… 56

第六节　本章小结 ··· 57

第四章　供应商可持续实践关键障碍识别 ································· 58
第一节　供应商可持续实践障碍分析 ······································ 58
第二节　基于 Fuzzy-DEMATEL 的关键因素分析方法 ··············· 60
第三节　基于 Fuzzy-DEMATEL 的供应商可持续实践关键障碍
　　　　识别 ··· 62
第四节　本章小结 ··· 69

第五章　供应商机会主义行为发生机制：道德推脱的中介 ············ 71
第一节　道德推脱 ··· 71
第二节　障碍与动机交互作用下的供应商机会主义：道德推脱的
　　　　中介 ··· 74
第三节　研究设计 ··· 77
第四节　数据分析与模型检验 ··· 79
第五节　实证分析结果讨论 ·· 89
第六节　本章小结 ··· 92

第六章　供应链关系不对等与供应商可持续绩效 ······················· 93
第一节　供应链关系不对等：权力 ·· 93
第二节　权力使用、公平感知对可持续供应商管理效果的调节 ······ 97
第三节　供应链地位、工序贸易公正性与供应商社会责任 ·········· 115
第四节　本章小结 ··· 130

第七章　供应商可持续实践治理机制创新 ································ 131
第一节　供应商可持续实践治理机制创新研究的实证依据：基于
　　　　本研究的发现 ··· 131
第二节　供应商可持续实践治理机制创新研究的理论基础 ········· 135
第三节　供应商可持续实践治理助推机制创新 ························· 140
第四节　供应商可持续实践障碍治理措施优化决策 ··················· 149

第五节　本章小结 ·· 152

第八章　结论与展望 ·· 153
第一节　研究结论 ·· 153
第二节　研究局限性与未来研究方向 ···························· 156

参考文献 ·· 158

第一章 绪论

第一节 问题的提出

一、研究背景

随着产品内分工的深化及国际物流的发展,产品价值链被分割成研发、设计、原料与零部件生产、组装、配送、营销与售后服务等不同的工序和环节,并在全球范围内进行整合。这无疑优化了资源配置,提高了产品与服务质量,增强了组织效率与盈利能力,但同时也加剧了竞争与资源的消耗。可以说,全球价值链的深化让我们享受了更富足的产品,但同时带来新的社会与环境问题。价值链中核心企业负责产品或服务的设计,直接向消费者销售产品,故而,主导企业在布局或优化国际供应链的同时应该、必须、需要、也可以实施可持续供应链管理,确保利润、地球与人类三重底线,兼顾经济、环境与社会三层责任。首先,作为供应链的布局者,主导企业理应把社会和环境问题整合到供应链管理中;其次,供应链中知名的核心企业倍受社会关注(Schmidt et al., 2017),不仅需要为自身的社会责任负责,还要为整个供应链的社会责任负责,稍有不慎,供应商的不当行为就会带来灾难性损失,为了减少风险,必须实施可持续供应链管理(Sancha et al., 2016);第三,可持续供应链管理可以提升企业形象与动态能力,创新领先地位,促成竞争优势,增强供应链韧性(Silva, 2023),出于战略层面的考虑,企业需要实施可持续供应链管理;最后,主导企业因拥有市场、品牌或技术优势等,在供应链中具有一定的话语权,有相应的权力可以推动可持续供应链管理。对于中国企业来说,积极参与可持续供应链管理也十分关键:随着劳动力成本的上升,中国参与全球价值链的优势较弱,而可持续能力的培育不仅可以使中国企业继续参与全球价值链分工,更有助于企业的转型升级。

意识到可持续供应链管理的重要性,越来越多的企业不仅从运营层面而且从战略层面推动可持续供应链管理,但是这些推动措施并没有解决供应链环境与社会问题(Schalteger and Burritt, 2014),很多企业仍无法有效实施可持续供应链管理(Kirchoff et al., 2016)。"瘦肉精""三聚氰胺""福喜过期肉"等养殖、原料生产与加工环节的供应链安全问题给国内知名企业带来灾难,沃尔玛、家乐福、科思科、特易购等世界零售巨头的供应链均面临血汗工厂与环境污染等可持续问题的指控,就连财务绩效极高的苹果公司也涉及供应商劳工问题,没能摆脱可持续供应链管理的困境(Clarke and Boersma, 2017)。可见,安全、环境与人权等可持续问题在供应链管理实践中并未得到有效解决,成为中外知名企业供应链管理中的"疑难杂症",迫切需要找出问题的症结并对症下药。

现有的研究指出,主导企业在推行可持续供应链管理时可以采用可持续供应商监管模式,也可以采用可持续供应商开发模式(Yawar and Seuring, 2017):监管模式是通过给供应商设定可持续准则,并对供应商进行审计与监控以确保供应商的遵守;开发模式则通过与供应商分享可持续信息、对供应商进行人员培训及现场指导来促进供应商发展可持续能力。面对主导企业的监管,供应商决定是否或如何遵守;面对主导企业的开发,供应商决定是否或如何进行可持续专用性投资及产品与生产流程的设计。监管模式是一种依托权力推进的冲突与竞争模式,而开发模式是一种依托信任的合作与共享模式。

虽然现有文献比较全面地研究了主导企业推行可持续供应链管理的措施、动机、驱动因素及面临的障碍,但这些研究没有关注推行决策行为及其影响因素,也忽略了对供应商如何应对的研究(Huq et al., 2014)。正是主导企业的推行决策与供应商的应对决策共同决定了可持续供应链管理模式的选择及其效果。因此,可持续供应链管理的研究不能避开供应商的应对行为而只关注主导企业的决策。

基于此,本研究立足于供应商,解析在主导企业可持续供应商管理模式下,供应商可持续实践模式,探索供应商可持续实践的不同动机及内外部障碍,分析主导企业权力使用、供应链关系质量与地位特征如何影响主导企业推行可持续供应商管理的绩效,以及供应商的道德推脱如何导致供应商的机会主义行为,在此基础上设计供应商可持续行为的"助推"机制。

二、研究意义

本研究的理论意义体现在以下三个方面:

第一,围绕"主导企业可持续供应商管理→供应商可持续实践→供应商可持续绩效"三大构件,把供应商可持续实践作为中介变量,分析主导企业推行可持续供应链管理如何通过供应商可持续实践的中介影响供应商可持续绩效,有助于学术界理解可持续供应链管理中主导企业的推行决策与供应商的应对决策之间的关系,全面把握可持续供应链管理的内在机理。

第二,从供应商的角度,厘清供应商可持续实践的工具性、道德性与关系性动机,挖掘供应商可持续实践中可能出现的外部与内在障碍,刻画了供应商可持续实践的三种模式。

第三,从主导企业、供应商及供应链三个角度寻找可持续供应链管理过程的调节变量,研究主导企业的权力使用、供应链关系公正性与地位、供应商道德推脱如何调节主导企业可持续供应商管理、供应商可持续实践与供应商可持续绩效三大构件之间的关系,深化了可持续供应链管理的研究。

本研究的实践意义体现在以下三个方面:

第一,针对中国企业在全球供应链的地位,对中国供应商参与可持续供应链管理的动机及面临的障碍进行分析,找出了影响供应商可持续实践的影响因素,有助于中国企业合理地承担可持续供应链管理责任。

第二,对供应链主导企业权力如何通过供应链关系变量的中介进而影响可持续供应链管理三大构件进行探索,为主导企业合理运用权力推行可持续供应链管理提供了科学依据。

第三,本研究设计的"助推"机制,与现有的可持续供应链管理措施相互补充,或撬动或强化现有的治理工具的效果,能有效推动供应商的可持续实践。

第二节 可持续供应链管理研究现状分析:主导企业视角

可持续供应链管理研究备受关注,多位学者更是针对可持续供应链管理进行了文献综述(Hoejmose et al, 2013; Beske and Seuring, 2014; Yawar and Seuring, 2017)。这些研究涉及可持续供应链管理的具体措施、动机、障碍与促进因素。

一、可持续供应链管理内涵

在过去的几十年中,可持续发展问题一直是社会各界与学术界关注的焦点问题。从宏观的角度,可持续发展指既满足当代人的需求,又不对后代人满足其自身需求的能力构成危害的发展。从微观的角度,可持续发展通常指兼顾经济、环境与社会等三个层面的绩效,也称为发展的三重底线(Elkington,2018)。在过去的20年中,学者们把可持续发展融入供应链管理中(Beske and Seuring,2014),形成可持续供应链管理研究(SSCM)。很多学者对可持续供应链管理进行了界定,以苏沃林和米勒(2008)的定义最为通行,他们均强调了经济、环境与社会三个层面的同步发展。现有关于可持续发展供应链管理的研究中涉及众多的问题(按在文献中出现的频率):工作条件、环境问题、企业社会责任、低工资、人权、童工、可持续发展、健康与安全、强制劳动、血汗工厂、伦理、贿赂、再循环利用、浪费、空气污染、水污染、工作时间。随着时间的推移,绿色问题、工作条件与人权一直是学者们关注的问题,学者们更多的用"可持续发展"代替"企业社会责任"。

由于社会问题难以界定,社会绩效难以测量,较早的研究主要关注供应链的环境问题。近年来,诸如劳工条件、健康与安全、人权、童工、性别、残疾与边缘人工作机会、少数民族等社会问题受到了越来越多的关注(Yawar and Seuring,2017;Cao et al.,2023)。

二、可持续供应链管理的措施

供应链主导企业在推行可持续供应链管理时,可以自己指定可持续准则(Code of Conduct),诸如政策、指导方针与行为准则等(Hoejmose et al,2013);也可以采用国际或第三方标准(Peters et al.,2011),如ISO 9001、ISO 14001、ISO26000、ISO 50001、EMAS、BSCI、AA1000与SA8000等;还可以要求供应商根据GRI与UNGC等标准提供可持续报告。然而,可持续准则的颁布或采纳并不会自动转化成可持续供应链绩效,供应商提供的可持续报告很可能沦为"打钩"的表面敷衍(Crotty and Holt,2021)。因此,可持续供应链的研究还进一步提供了可持续供应链管理的措施或方案,其中被普遍采纳的包括可持续供应商选择、可持续供应商沟通、可持续供应商审核、可持续供应商开发及可持续供应商监管等(Brammer et al.,2011;Gimenez and Tachizawa,2012;Jiang,2009;Grimm et al.,2016)。

近两年,学者们对可持续供应链管理的措施进行了分类研究。亚瓦尔和苏沃林(2017)把企业推行可持续供应链管理的策略分成沟通策略、遵守策略与供应商开发策略。马歇尔等(2015)把可持续供应链管理措施分成基础性措施与高级措施:前者包括监管与审计供应商可持续行为、确保供应商获得可持续准则认证以及可持续供应商开发等;后者则涉及可持续产品或生产过程的设计及战略重塑可持续供应链。桑查等(2016)则把可持续供应链管理措施分成评估与合作两类。

三、可持续供应链管理的动机

学者们已经从不同层面分析了主导企业实施可持续供应链管理背后的动机(Brammer et al., 2011)。通过文献综述，布鲁默等(2011)对可持续供应链管理的动机按照重要性进行排序：维系客户关系、风险管理、遵守法律与法规、公司声誉管理、吸引客户、获取竞争优势、降低成本、道义责任、品牌保护、应对社会压力、市场准入与提高生产力。格林等(2016)进一步把可持续供应链管理动机分成防御性与主动性动机。具体来说，防御性动机是应对性的或遵守导向的，主要是为了维持客户关系、遵守法律或最小化风险；而主动性动机超越了遵守，是一种主动性战略追寻，以获得竞争优势。尽管目前研究中防御性动机占了一大部分，各种动机所占比重随时间的推移正在发生变化，主动性动机的比重已经开始上升(Brammer et al., 2011)。

保罗拉吉等(2017)把可持续供应链管理的动机分成工具性、关系性与道德性三类。他们的研究进一步发现关系性与道德性动机已开始成为主导企业推行可持续供应链管理的主要动机。

四、可持续供应链管理障碍

对于供应链主导企业来说，在如何确保供应商遵守可持续准则方面存在诸多障碍(Chowdhury et al., 2023)。首先，供应链层次复杂、透明度低且分布于不同文化背景区域(Mena et al., 2013)，这客观上给可持续供应链管理设置了障碍；其次，由于缺乏预算、人力资本、技术等组织资源与能力，供应链主导企业无法实施适当的供应商审核与开发等程序(Reuter et al., 2010)；再次，主导企业缺乏足够的权力要求供应链其他企业遵守可持续发展准则。

五、可持续供应链管理的促进因素

现有研究从公司层面、国家层面与行业层面探索了可持续供应链管理的影响因素。吉梅内斯和立泽(2012)把这些促进因素分为内部因素与外部因素，布鲁默等(2011)则把这些因素分为组织内部因素与组织间因素。

具体说，组织内部因素与主导企业目标、政策与人员相关，如清晰的可持续发展政策、可持续导向的组织战略、技术能力、财务资源、企业高管的支持、采购人员的可持续管理能力、支持性组织文化、合理的可持续绩效测量体系、资源与能力(江怡洒和冯泰文，2022)。

而组织外部或组织间因素、社会环境及供应链关系深度与质量相关,如支持性法律法规、信任、买方权力、长期合作关系、沟通与分享、利益相关者压力等(Reuter et al.,2010;Hoejmose et al.,2013;江怡洒和冯泰文,2022)。来自政府、供应商、客户与雇员的强制压力、规范压力与关系压力会驱动可持续供应链实践(Marculetiu et al.,2023)。制度压力会影响新兴国家供应商可持续证书的采纳行为,强制压力能显著提升供应商可持续证书的认证的可能性(Ponte et al.,2023;Atupola and Gunarathne,2023),规范压力与模仿压力有助于开发供应商可持续能力(Pereira et al.,2023)。主导企业与供应商之间的交易量、双方关系持续时间及战略合作关系均会显著正向影响可持续管理绩效(Naffin et al.,2023)。供应链韧性会显著提升供应链经济与环境绩效(Singh et al.,2023)。

第三节 可持续供应链管理研究趋势分析:供应商视角

一、可持续供应链管理研究现状评述

近年来,可持续供应链管理研究备受关注,并在可持续供应链管理动机、措施、驱动因素、障碍等方面取得了一系列研究成果。供应链上主导企业或因各利益相关者驱使,或因工具性的、关系性的及道德层面的动机(Paulraj et al.,2017),积极推动可持续供应链管理。主导企业可以推行企业内部可持续准则,也可以采用国际或第三方标准(Hoejmose et al,2013;Peters et al.,2011),并通过供应商选择、交流、审计、开发及监管等措施实施可持续供应链管理(Brammer et al.,2011;Gimenez and Tachizawa,2012;Jiang,2009;Grimm et al.,2016)。主导企业内部存在多种驱动可持续供应链管理的因素,如清晰的可持续发展战略、技术能力、财务支持、可持续发展组织文化及适当的可持续绩效测量体系(Reuter et al.,2010)。反映供应链企业关系深度与质量的变量,如信任、权力、合作、长期关系、共享等,也会对可持续供应链管理产生显著的影响(Reuter et al.,2010;Hoejmose et al.,2013)。然而,不管是供应链主导企业在推行可持续供应链准则方面,还是供应商在遵守方面,均存在不少障碍。从供应链主导企业来说,自身缺乏预算、资源、人力资本、能力、权力等(Reuter et al.,2010),再加上供应链层次复杂及透明度低(Mena et al.,2013),都给推行可持续供应链管理设置了障碍。从供应商的角度来说,自身缺乏足够的认知与动机及技术与能力,加上可持续准则表达不清晰、传达不准确(Peters et al., 2011),都给供应商遵守可持续准则带来了困难。

值得关注的是,经济、规制与技术方面的革新促使供应链在全球延伸,形成了全球价值链。企业自身竞争能力及其所处国家的政治、文化与经济综合实力决定了其在全球价值链中的地位(Gereffi et al., 2005)。通常来自发达国家的知名企业因拥有市场、品牌或技术优势而获取供应链主导地位。这些国际知名企业促进了全球价值链,控制了全球价值链的分布,决定着价值链中经济租的产生与分配以及价值链的升级(Gereffi et al., 2005)。而来自发展中国家的供应商往往是中小型加工制造企业,在全球价值链中没有话语权。加之,相比于供应链上的供应商,公众媒体往往更关注供应链上的国际知名企业,因而会要求他们最终承担可持续发展社会责任。因此,可持续供应链管理往往由世界知名企业发起并推行,而分布于世界各国的供应商则具体执行或遵守各种可持续准则。

需要指出的是,尽管可持续供应链管理研究取得了如上的成果,但是这些研究大多是从供应链主导企业推动可持续供应链管理的角度来考虑问题,因而只关注了主导企业推行可持续准则的动机,忽略了供应商遵守可持续准则的意愿;只从主导企业层面提出了推行可持续供应链管理的措施,忽略了供应商实施可持续行为的能力;仅从主导企业的角度寻找了驱动可持续供应链管理的因素,忽略了挖掘促进供应商遵守可持续准则的有利因素。不容忽视的是,可持续供应链管理不仅需要主导企业发起与推行,更需要供应商的遵守或执行。因此,仅从主导企业的角度来研究可持续供应链管理还远远不够。这也正是目前众多国际知名企业仍在遭受可持续供应链风险的原因。有鉴于此,本研究将首先基于中国情境,理清中国供应商遵循可持续准则的动机及面临的障碍,在此基础上,进一步解析供应商关于"是否及如何参与可持续供应链管理"的决策过程及影响因素。

更为重要的是,虽然现有文献已经挖掘了诸如权力不对等、合作、信任、公正等驱动可持续供应链管理的供应链关系变量,但忽略了这些关系变量之间错综复杂的关系及其对可持续供应链管理效果的影响。供应链中主导企业与供应商之间的权力不对等无疑是供应链关系变量中的核心变量,不仅决定着供应链交易及租金分配的公正性,而且影响主导企业与供应商之间信任关系、合作关系等。此外,权力不对等也是决定全球价值链治理机制的一个重要因素。因此,供应链主导企业如何善用权力对于可持续供应链管理来说非常关键。近几年,已有学者注意到供应链权力不对等在可持续供应链管理中的重要作用,但这些研究过分重视主导企业权力在推行可持续供应链管理中的正面作用,而忽略了权力对其他关系变量的负面影响,进而间接损害了供应商的遵守意愿与执行能力。本研究将把权力置于供应链关系变量的复杂关系中,既探讨权力对可持续供应链管理的直接影响,也探索权力通过供应链关系变量的中介对可持续供应链管理的间接影响。

此外,现有研究虽然探索了主导企业与供应商在实施可持续供应链管理方面各自存在的障碍,但至今仍未提出清除障碍的办法。

二、可持续供应链管理研究有待解决的问题

(一)可持续供应链管理的研究视角问题

现有研究大多从供应链主导企业的角度研究其推行可持续供应链管理的动机、面临的障碍、驱动因素及可持续供应链管理措施,忽略了对供应商的关注。但事实上,主导企业推行的可持续供应链管理并不会必然带来可持续供应链绩效。可持续供应链管理不仅需要供应链主导企业发起并推行,更离不开供应商的具体执行。因此,需要从主导企业与供应商两个角度来研究可持续供应链管理问题。

(二)权力对可持续供应链管理影响的复杂性问题

现有的研究过分强调了权力对可持续供应链管理的直接的正面影响,忽略了其通过对供应链关系质量的中介对可持续供应链管理的负面影响。实际上,不同类型的权力对供应链关系质量的各维度有着不同的影响,而供应链关系质量是驱动可持续供应链管理的关键因素。因此,需要同时分析权力的直接影响与通过供应链关系变量的中介对可持续供应链管理的间接影响。

(三)如何提高可持续供应链管理绩效问题

现有研究至今仍未提出清除主导企业与供应商在实施可持续供应链管理方面各自存在的障碍的办法。本研究将探讨供应链主导企业如何善用权力,选择合适的供应链治理机制及"助推"策略的角度寻找提高可持续供应链管理有效性的对策与建议。

(四)基于中国情境的本土化研究问题

我国学者一直关注可持续供应链管理的研究(吴群和朱嘉懿,2022;江怡洒和冯泰文,2022),但这些研究基本是围绕可持续供应链管理(或绿色供应链管理)的实践类型、驱动因素与制约因素展开,并没有把中国制造企业置于全球价值链中,研究中国的供应商如何应对或参与来自发达国家的供应链主导企业的可持续供应链管理。中国企业在全球价值链的特殊位置、

中国企业特殊的"走出去"战略以及中国制造等特殊背景,都对可持续供应链管理的中国本土化研究提出许多需要深入探索的特殊课题。

三、供应商视角研究可持续供应链管理的必要性与可行性

可持续供应链管理不仅需要供应链主导企业积极推行,而且需要供应商配合遵守或积极参与。可是,尽管主导企业花费了大量的资源积极推行可持续供应链管理,供应商遵守方面还是存在大量的问题。鉴于现有研究只关注了主导企业的"可持续供应链管理",忽略了供应商的可持续实践意愿与能力,十分有必要将供应商可持续实践引入可持续供应链管理研究范畴。本研究将把供应商可持续实践作为可持续供应链管理的核心构件,研究其在可持续供应商管理与供应链可持续绩效之间的中介效应,并挖掘供应商可持续实践背后的动机、障碍及驱动因素。

现有的关于主导企业推行可持续供应链管理的研究成果为上述研究设想的实现奠定了理论研究与实证分析的基础。特别是主导企业推行可持续供应商管理的措施、动机、障碍与驱动因素等方面的研究直接为本项目展开供应商遵守研究提供了具体的思路和分析方法。

综上所述,作为供应链管理研究的一个前沿方向,可持续供应链管理研究属于相对较新的领域,仍存在许多尚未解决的关键问题,对这些关键问题的探索构成了本研究的主要内容。本研究以可持续供应链管理研究领域最新进展为基础,从供应商的角度展开研究,把供应商可持续实践作为核心构件,分析主导企业可持续供应商管理如何通过供应商可持续实践的中介影响供应商可持续绩效;厘清供应商可持续实践的影响因素(动机与障碍),解析不同动机与障碍对供应商可持续实践的影响;分析主导企业的权力使用、供应商的道德推脱、供应链地位等如何调节可持续供应链管理的效果;在此基础上,依据助推理论,设计有效措施促进供应商可持续实践,提高可持续供应链管理的有效性。

第四节　研究内容与方法

一、研究总体框架

可持续供应链管理过程从某种程度上说是一种影响过程,在这一影响过程中,通常供应链主导企业是施加影响方,而供应商是应对方。供应链主

导企业可以发起并推动可持续供应链管理,但管理效果最终取决于供应商的可持续实践。因此本项目以现有的立足于主导企业推行可持续供应链管理的研究为基础,把供应商可持续实践作为核心构件,在对国内外相关文献全面评述的基础上,构建总体研究概念模型,如图1-1所示。

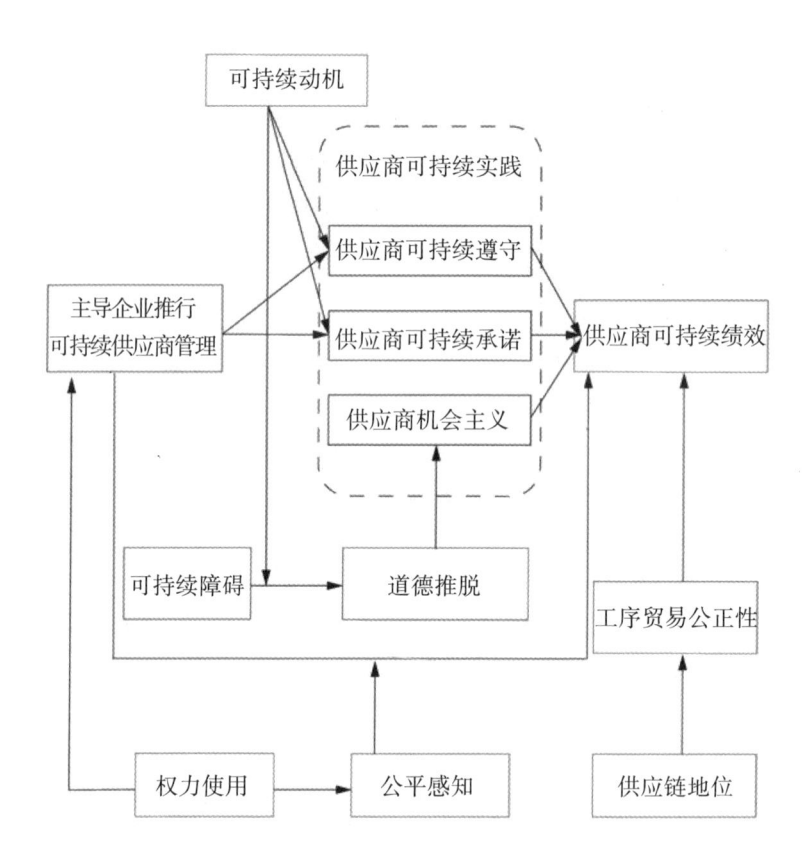

图1-1 供应商可持续实践研究整体概念模型

该模型将可持续供应链管理的研究分为3个研究构件(即主导企业可持续供应商管理、供应商可持续实践与供应商可持续绩效),以供应商为主要研究对象,解析供应商的可持续实践行为,分析供应商可持续实践对主导企业供应商可持续管理与供应商可持续绩效之间关系的中介作用(模块一);探索供应商可持续实践的动机,比较分析不同动机驱动下供应商可持续实践的效果(模块二);挖掘供应商可持续实践内部与外部障碍,识别关键障碍(模块三);分析内外部障碍与动机如何通过道德推脱的中介交互性地影响供应商机会主义行为(模块四);检验权力、地位、公正等供应链关系变量对可持续供应链管理效果的调节效应(模块五);在此基础上设计供应商可持续实践的"助推"机制(模块六)。具体的研究过程、框架及模块如图1-2所示。

模块一 供应商可持续实践模式的中介效应

可持续供应链管理往往由供应链主导企业发起并推行,而具体的可持续准则的实施往往需要供应商来落实。可持续供应商管理能否提高供应链可持续绩效取决于供应商的可持续实践情况,因而供应商可持续实践模式至关重要。本研究将首先解析供应商的可持续实践的三种模式,分析主导企业可持续供应商管理如何驱动供应商可持续实践并提升供应商可持续绩效。

模块二 供应商可持续实践动机

模块二将在现有关于主导企业可持续供应链管理研究的基础上,探索供应商可持续实践的工具性、道德性与关系性动机,比较分析不同动机驱动下的供应商可持续遵守、可持续承诺与机会主义倾向的程度。

模块三 供应商可持续实践障碍识别

模块三将在现有关于主导企业可持续供应链管理研究的基础上,采用案例分析方法,挖掘可持续供应商可持续实践的内部与外部障碍,基于Fuzzy-DEMATEL方法识别供应商可持续实践的关键障碍。

模块四 供应商机会主义行为发生机制

在模块二与模块三的基础上,构建有调节的中介效应模型,分析内外部障碍与动机如何通过道德推脱的中介,交互性地影响供应商的机会主义行为。

模块五 供应链关系不对等如何影响供应商可持续绩效

模块五从主观与客观两个角度探讨供应链关系不对等这一特征如何影响供应商可持续绩效。客观上,主导企业与供应商在供应链关系中所处的地位不同,主观上主导企业也会利用这种不对等关系,使用权力来推动可持续供应商管理。模块五在分析供应链不对等关系的基础上回答以下两个问题:① 主观上,主导企业的权力使用如何影响供应商的公正性感知,进而影响供应商可持续管理的效果? ② 客观上,供应链地位如何影响双方工序贸易公正性,进而影响供应商可持续绩效?

模块六 供应商可持续实践治理机制创新

在解析供应商可持续实践模式、挖掘可持续实践背后的动机及障碍、解析供应商机会主义行为发生机制、分析了供应链关系不对等对供应商可持续绩效的影响后,设计"助推"机制与现有的命令型与市场型治理措施相互补充,有针对性地给出供应商可持续实践治理机制的选择建议。

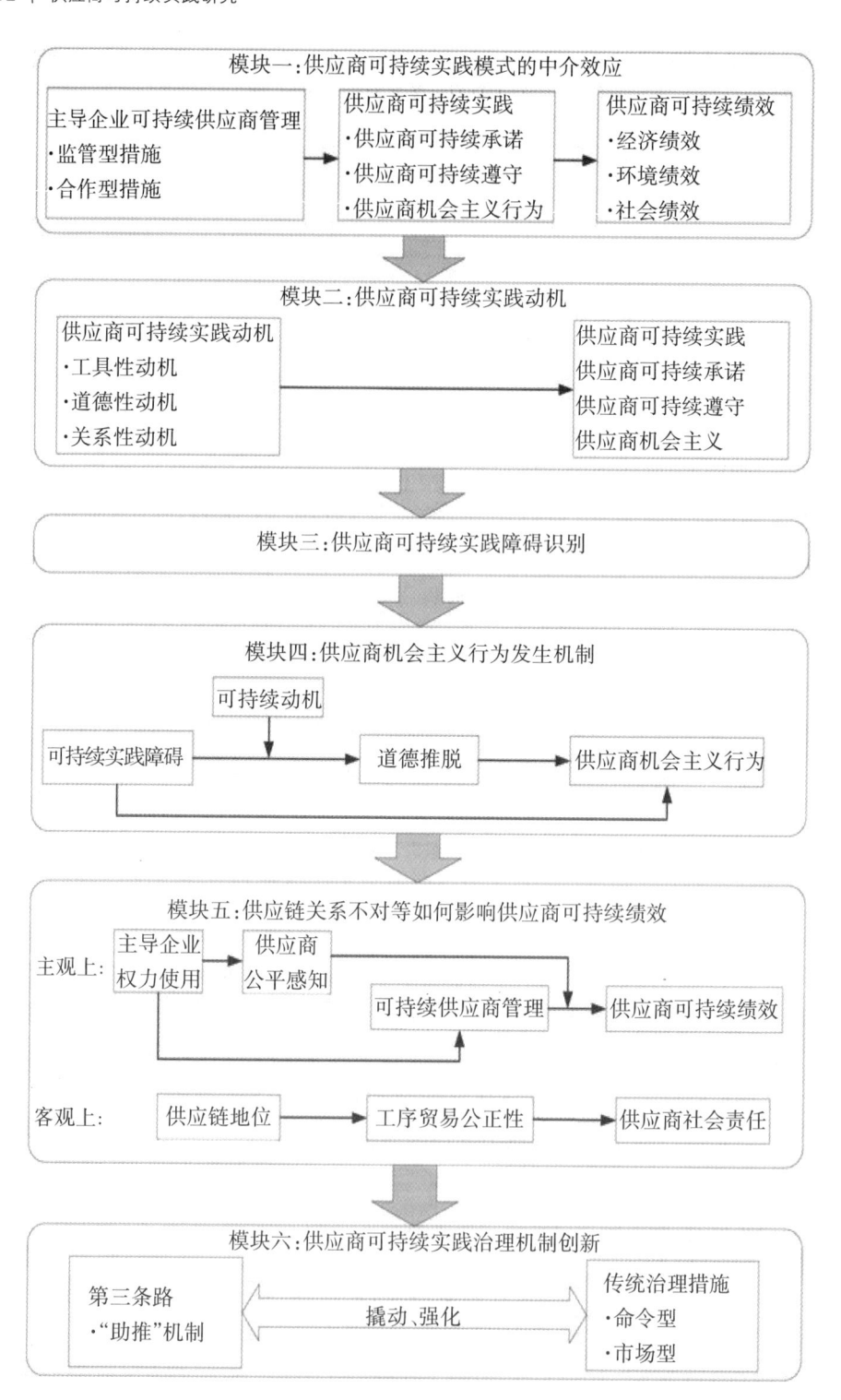

图 1-2 供应商可持续实践研究框架

二、研究目标

本研究以可持续供应链管理研究领域最新进展为基础,以中国情境为研究背景,将供应商可持续实践作为核心构件,通过对供应商可持续实践如何中介主导企业可持续供应商管理与供应商可持续绩效之间的关系、供应商可持续实践的动机与障碍、供应商机会主义行为发生机制、供应链关系不对等如何影响供应商可持续实践等问题的深入探讨,实现以下3个目标:

(1) 理清供应商可持续实践的动机与障碍。从工具性、关系性与道德性三个层面挖掘供应商可持续实践背后的动机;理清供应商可持续实践的内部与外部障碍。

(2) 揭示不同供应商可持续实践模式的驱动机制。比较分析可持续供应商监管与可持续供应商开发两类措施对供应商可持续实践的驱动作用;比较分析工具性、关系性与道德性三种动机对供应商可持续实践的驱动作用;分析障碍与动机如何通过道德推脱导致供应商机会主义行为的发生;分析供应链关系不对等如何通过公正性影响供应商可持续绩效。

(3) 创新供应商可持续实践的治理机制。设计助推"软"措施与现有的命令型与市场型治理"硬"措施相互补充,有针对性地给出供应商可持续实践治理机制的选择建议。

三、关键问题

根据研究内容和研究目标的设计,本研究需要解决以下三个关键问题:

(一) 主导企业可持续管理驱动下供应商的可持续实践行为模式

现有的可持续供应链管理大多从供应链主导企业角度探讨其如何推动可持续供应链管理。面对主导的企业可持续供应商管理,供应商采用什么样的可持续实践行为模式。

(二) 供应商可持续实践的驱动机制

主导企业可持续管理措施、主导企业权力使用、供应商可持续动机、供应商道德推脱、供应链地位等如何驱动不同的供应商可持续实践行为模式。

(三) 供应商可持续实践治理机制创新

现有的可持续供应商管理措施大多基于"命令型"与"市场型"两种治理机制设计的"硬"性措施,虽然已经取得一定的效果,但供应商不负责任的行为仍然很严重。如何创新治理机制,基于助推理论,设计"软"性措施,做到软硬结合,驱动供应商可持续遵守与承诺、抑制供应商机会主义行为,也是本研究需要解决的关键问题。

四、研究方法

由于本研究以"主导企业可持续供应商管理→供应商可持续实践→供应商可持续绩效"三大构件之间的关系为主要研究对象,解析供应商可持续实践的动机与障碍,分析权力与公正等供应链关系质量及供应链地位对可持续供应商管理的影响,必须考虑定性分析和定量分析的结合。第一步,借助定性方法来理清理论概念和逻辑,在此基础上界定研究变量,构建实证模型,开发相应量表和设计问卷。第二步,通过问卷发放,采集相应的数据。第三步,运用数据对实证模型进行分析,得到研究结论。第四步,借助定性方法解释定量研究的结论。具体来说,以下两种研究方法将在本研究中发挥主要作用。

(一)文献分析与规范研究

对可持续供应链管理、权力、道德推脱、可持续动机、可持续障碍与供应链治理等相关文献进行分析,形成研究基础。采用理论演绎与归纳等规范性分析,对本研究所涉及的可持续供应商管理、供应商可持续实践与供应商可持续绩效三者关系、供应商可持续实践驱动机制、供应商机会主义行为发生机制、供应链关系不对等作用等进行理论分析、构建模型并提出研究假设。

(二)问卷研究

在本研究模块二、模块三、模块四、模块五中所要建立的理论模型中,一些重要变量(如动机、障碍、权力、公正、可持续供应商管理、供应商可持续承诺、供应商遵守、供应商可持续绩效等)需要通过问卷研究加以验证,因此,问卷研究方法的正确应用在本项目中具有重要意义。根据研究主题的需要,问卷调查对象主要是中国供应商的经营管理者。问卷研究中的量表主要采用二次量表,以确保问卷研究的可靠性与科学性。以此为基础,通过寻求有关主管部门的支持和配合,保证调查的顺利进行和较高质量。

第五节 研究创新

第一,研究内容的拓展。围绕"主导企业可持续供应商管理→供应商可持续实践→供应商可持续绩效"三大构件,把供应商可持续实践作为中介变量,分析主导企业推行的可持续供应链管理如何通过供应商可持续实践的中介影响可持续绩效,有助于学术界理解可持续供应链管理中主导企业的推行决策与供应商的应对决策之间的关系,全面把握可持续供应链管理的内在机制。

第二,研究视角的延伸。本研究从供应商的角度,理清了供应商可持续实践的工具性、道德性与关系性动机,挖掘了外部与内在障碍,与现有的关于主导企业如何推行可持续供应链管理的研究相呼应,拓展了可持续供应链管理的研究视角。

第三,研究观点的融合。本研究把供应商可持续实践作为中介变量,在理清了供应商可持续实践的动机与障碍的基础上,基于理性决策与行为决策研究观点,进一步从主导企业、供应商及供应链三个角度寻找可持续供应链管理过程的调节变量,研究了主导企业的权力使用、供应链关系公正性与地位、供应商道德推脱如何调节主导企业可持续供应商管理、供应商可持续实践与供应商可持续绩效三大构件之间的关系,深化了可持续供应链管理的研究。

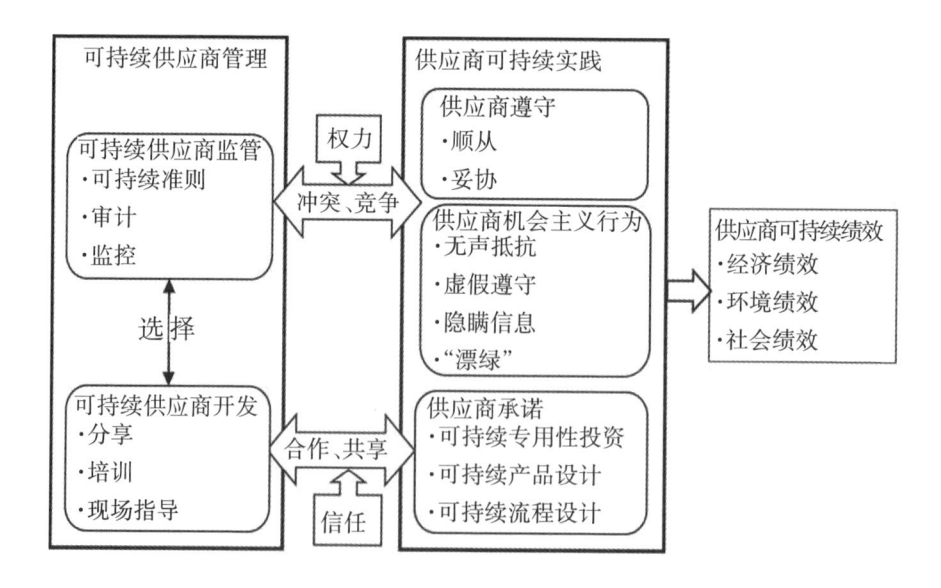

第二章 可持续供应商管理与供应商可持续绩效：供应商可持续实践的中介

本章(模块一)在解析可持续供应商管理、供应商可持续实践与供应商可持续绩效三大构件内涵的基础上，分析供应商可持续实践对可持续供应商管理与供应商可持续绩效之间关系的中介效应，如图2-1所示。模块一将回答以下三个问题：

(1) 主导企业可持续供应商管理措施如何影响供应商的可持续实践？不同类型的措施对供应商三种可持续实践模式的影响有何差异？

(2) 供应商可持续实践如何影响供应商可持续绩效？不同类型的供应商可持续实践模式对供应商可持续绩效的影响有何差异？

(3) 主导企业可持续供应商管理措施是否直接影响供应商可持续绩效？供应商可持续实践多大程度上起到中介作用？

图2-1 供应商可持续实践的中介作用

第一节 可持续供应商管理措施

一、可持续供应商管理具体措施

随着全世界对企业环境与社会责任关注度的提高,供应链主导企业不仅要对自身的行为负责,还需要对整个供应链的社会责任问题负责(Schmidt et al., 2017),对供应商可持续管理的压力越来越大(Ehrgott et al., 2013)。因此,供应链主导企业通常是可持续供应链管理的推行者,会采用多种措施来推动可持续供应商管理,把企业社会责任拓展到整个供应链(Huq and Stevenson, 2020;Shafiq et al., 2022)。

本研究借鉴希亚等(2018)与厄格特(2013)等的相关研究,把可持续供应商管理措施界定为"主导企业用来推动供应商达到可持续标准或提升供应商可持续绩效的管理措施"。这些措施包括:①依据可持续准则和规范的程序正式评估、监管、审计供应商行为,确保供应商可持续绩效;②给供应商提供可持续管理相关的培训与教育;③与供应商共同努力提升供应商可持续绩效。具体措施如表2-1所示。

如表2-1所示,可持续供应商治理机制包括可持续沟通机制、供应商可持续认证机制、供应商可持续评估机制、供应商可持续监控机制、供应商可持续开发机制、与非政府组织合作开发机制、供应商之间合作网络、与利益相关者合作机制。其中,可持续沟通机制包括可持续报告与可持续标签两种具体措施;供应商可持续认证机制包括内部可持续准则、第三方认证、行业标准、产地准则等四种认证;供应商可持续开发包括供应商可持续培训、现场技术支持与合作技术创新三种具体措施。

表2-1 主导企业可持续供应商治理机制与具体措施

治理机制	具体措施	文 献
可持续沟通	可持续报告	Yawar and Seuring, 2017
	可持续标签	Yawar and Seuring, 2017
供应商可持续认证	内部可持续准则	Soundararajan and Brown, 2016
	第三方认证	Lund-Thomsen and Nadvi, 2010
	行业标准	Lund-Thomsen and Nadvi, 2010
	产地准则	Kleemann, 2016

续表

治理机制	具体措施	文　献
供应商可持续评估	供应商是否遵守及遵守程度的检验	Reuter et al., 2010; Grimm, 2016; Yawar and Seuring, 2017
供应商可持续监控	供应商可持续行为监控	Boyd et al., 2007; Brammer et al., 2011; Grimm, 2016; Yawar and Seuring, 2017
供应商可持续开发	供应商培训 现场技术支持 合作技术创新	Ehrgott et al., 2013; Hoejmose et al., 2013; Beske and Seuring, 2014; Grimm, 2016; Yawar and Seuring, 2017; Jia et al., 2018; Norheim-Hansen, 2023
与非政府组织合作开发	买方与非政府组织合作实施供应商开发	Jia et al., 2018; Liu et al., 2018
供应商合作网络	提供平台促成供应商之间互助	Jia et al., 2018
与利益相关者合作	买方参与社区开发与政府顾问	Jia et al., 2018; Liu et al., 2018

二、可持续供应商管理措施分类

可持续供应链管理模式存在"底线"管理与"最佳"管理两种模式（Brammer et al., 2011）。底线管理模式涉及"设置可持续行为准则→可持续供应商认证→可持续供应商选择→可持续供应商监管"等四个主要过程；针对底线管理模式的困境，最佳管理模式遵循"征询可持续准则→确认并形成一致目标→可持续绩效评估与供应商开发→评价与改进"，与供应商、非政府组织、社区及行业同行合作，关注供应商开发，不断反省与学习。

近年来，学者们对可持续供应链管理的措施进行了分类研究。亚瓦尔和苏沃林（2017）把企业推行可持续供应链管理的策略分成沟通策略、遵守策略与供应商开发策略。马歇尔等（2015）把可持续供应链管理措施分成基础性措施与高级措施：前者包括监管与审计供应商可持续行为、确保供应商获得可持续准则认证以及可持续供应商开发等；后者则涉及可持续产品或生产过程的设计及战略重塑可持续供应链。现有研究最常见的是把可持续供应链管理措施分成监管与合作两类（Reuter et al., 2010; Gimenez and Tachizawa, 2012; Grimm et al., 2016; Sancha, et al., 2016; Yawar and

Seuring,2017)。现实中,主导企业往往会同时采用多种可持续供应商管理措施,最通常的做法是先采用监管型措施,随后再采用合作型措施(Jia et al.,2018)。当感知风险较高时,对于依赖程度高的供应商,采购方偏好监管型措施,对于独立性高的供应商,采购方倾向于采用合作型措施(Hajmohammad et al.,2023)。

依据现有的研究,本研究把可持续供应商管理措施分成可持续供应商监管与可持续供应商合作两类机制。可持续供应商监管机制通常涉及供应商可持续认证、供应商可持续评估与供应商可持续监控;可持续供应商合作机制主要指与供应商合作,即供应商可持续开发,买方对供应商进行可持续相关技术培训,或现场指导或与供应商合作进行可持续技术创新。也有少量文献关注主导企业与政府、学术机构或工会合作以此提升供应链可持续绩效(Liu et al.,2018)。当主导企业采用可持续供应商监管机制时,通常依据主导企业内部可持续准则、第三方准则或国际组织可持续准则(如ISO26000,SA8000,公平贸易准则等),对供应商进行可持续认证、评估并监管。当主导企业采用可持续供应商合作机制时,主导企业通常在与供应商沟通的基础上,通过可持续相关知识的分享、供应商员工培训、可持续技术支持等提升供应商可持续实践能力,以此来提升供应商的社会与环境绩效。

第二节 主导企业可持续管理驱动下的供应商可持续实践行为模式

可持续供应链管理中,主导企业可以对供应商设定可持续准则,并通过审计与监控等措施监管供应商的行为,也可以采用分享、培训、现场指导等可持续供应商合作措施来推动可持续供应链管理(Grimm et al.,2016;Huq and Stevenson,2020;Jia et al.,2018)。面对主导企业的监管,供应商可以采用默许、妥协、回避、反抗与操纵等五类应对策略(Acosta et al.,2014; Huq et al.,2014; Hajmohammad et al.,2023);面对主导企业的开发,供应商可能进行可持续专用性投资并设计可持续产品与生产流程。本研究认为,在主导企业多种可持续供应商管理措施的驱动下,供应商可能采取的可持续实践模式有供应商可持续遵守、供应商可持续承诺与供应商机会主义三种可持续实践行为模式。

一、供应商可持续遵守

供应链主导企业可以采用多种可持续供应商管理措施把企业可持续标准(corporate sustainability standards,CSS)推广到整个供应链。当主导企业通过监管型治理机制推行可持续供应商管理时,往往依据国际组织的可持续准则(如SA8000社会责任标准、ISO14000环境管理系列标准、社会责任指南标准ISO26000)、行业可持续准则、非政府组织可持续准则或者主导企业发布的供应商可持续准则(Locke et al., 2013; Jia et al., 2018)。这些准则不只要求供应商遵守法律与政府颁布的各种规章制度,往往包含超越法规的社会与环境标准,因而为了确保供应商遵守,主导企业不只依据可持续准则对供应商进行认证,更需要对供应商的可持续行为进行评估与监管,以此确保供应商遵守可持续准则。

可持续供应商监管机制是一种"不插手"(hands-off)的基础性措施(Marshal et al., 2015),是一种遵守策略(Yawar and Seuring, 2017)。因此,采用监管机制治理供应商可持续时,主导企业除了对供应商进行认证、评估与管控,还需辅以奖惩措施。例如,主导企业为了促成供应商遵守可持续准则,可以威胁供应商,如果达不到可持续标准就减少订单或终止业务关系(Huq and Stevenson, 2020);也可以奖励供应商,如果达到标准就增加订单等。因此,当主导企业推行可持续供应商监管时,供应商会选择遵守可持续准则,哪怕这些可持续性准则不是他们固有的价值。这与影响理论是一致的,在没有必要改变态度的情况下,依从性意味着行为从众。监管型可持续治理机制是一种"硬"策略,主导企业使用命令、威胁和频繁的监管来管理供应商,迫使供应商遵守可持续准则,但不太可能导致供应商可持续承诺(Falbe and Yukl, 1992)。

二、供应商可持续承诺

由于监管型可持续供应商管理措施通常只会促成供应商做出最小的努力,因此主导企业还会实施另一种更为积极的可持续供应商管理机制,有助于激发供应商可持续承诺。这种主动积极的治理机制也被称为合作型可持续供应商治理,具体涉及:① 直接的合作行为,如可持续知识共享、培训和技术支持(Gimenez and Tachizawa, 2012; Sancha et al., 2016);② 亲自动手,主导企业投入人力、时间和资源,帮助供应商建设可持续实践能力(Gimenez and Tachizawa, 2012);③ 在可持续监管基础上的更进一步的措施,包括可持续产品或流程的重新设计和供应链可持续战略的重新定义(Marshal et al., 2015);

④供应商可持续开发战略,主导企业通过合作、教育、特定资产投资和技术/财政援助,旨在通过供应商可持续能力升级,满足各利益相关者的可持续发展需求(Krause et al. 2007；Yawar and Seuring, 2017)。

与遵守不同,"承诺"一词在可持续供应链管理相关文献中还没有清晰的界定。承诺不仅仅是言语和行为,还包括态度的相应改变(Falbe and Yukl, 1992)。本研究中,承诺是指企业主动地、持续努力地应对社会问题和环境问题的挑战(Gao and Bansal, 2013)。合作型可持续供应商治理机制,是一种"软"策略,主导企业通过引起供应商对可持续价值的关注或通过提供技术/管理支持增加供应商的信心来积极寻求供应商的参与。因此,基于合作的可持续供应商治理机制更有可能促成供应商的可持续承诺(Davis-Sramek et al., 2022)。一旦供应商承诺可持续实践,则会进行可持续产品或生产流程设计并进行可持续专用性投资(Jansson et al., 2017)。承诺型供应商的可持续实践依据的是自身的环境与社会准则等一套价值体系,而不是作为对利益相关者施加压力的回应。因此,可持续承诺隐含了更高的环境和社会绩效,是"力争上游"的可持续实践,而可持续遵守只是达到可持续准则的最低标准,是或"力争底层"的可持续实践。

三、供应商机会主义行为

尽管主导企业可以搭配采用多种可持续管理措施来向供应商推行可持续准则,但是主导企业不可能察觉到供应商所有的不负责任的行为。大量的事实也表明,供应商损害环境、损害员工权益的事件常有发生,更有甚者,有些供应商的行为直接危害生命健康。例如,2013年震惊全球的孟加拉国拉纳广场服装代工厂大楼倒塌事故,1100多名工人死亡。但事故的发生并不能归咎于服装供应链品牌企业缺乏对供应商的可持续管理。事实上,这些服饰巨头与零售巨头都对供应商发布了严格的可持续行为准则。而且,拉纳广场大楼里两家工厂还通过了商业社会标准认证机构(BSCI)的审核。事故发生后,包含ZARA、H&M与GAP等快时尚巨头,沃尔玛、家乐福与梅西百货等零售巨头,普里马克与贝纳通等著名服装品牌在内的200多家知名品牌组成孟加拉国协议联盟,并签署了旨在提高孟加拉国服装工厂安全标准的协议,采取了一系列措施推动孟加拉国服装供应商遵守社会责任准则。不可思议的是,事故爆发后的六年里,工厂的安全状况并未根本好转。

这就表明,供应链主导企业的努力并不能确保供应商的可持续行为。有时,主导企业的可持续供应商管理努力甚至可能适得其反(Plambeck and Taylor, 2016),会导致供应商机会主义行为。机会主义是指狡诈性地谋求私利,如不完全的或歪曲的信息披露、有意误导、歪曲、掩饰、混淆或以其他方式混淆视听的行为(Williamson,1985)。可持续供应链管理中,供应商机会主义行为是指供应商利用信息的不对称来掩盖不负责任的行为(Klassen et al.,2023),以逃避供应链主导企业的审计,具体涉及无声抵抗(Acosta et al.,2014)、虚假遵守(Huq et al.,2014)、通过欺骗和贿赂隐瞒信息(Clifford and Greenhouse,2013)、"漂绿"(Paulraj et al.,2017)等。

当主导企业采用可持续监管措施推行可持续准则时,供应商为了达到主导企业的标准,但又不想承担额外的成本或投入更多的资源,很可能会采用机会主义行为来逃避主导企业的可持续监管。当主导企业采用可持续开发措施,对供应商进行可持续相关技术培训,现场指导供应商的可持续行为或与供应商合作进行可持续技术创新,有助于供应商克服可持续实践障碍,进而有助于抑制供应商的机会主义行为。

综上,一方面,主导企业可以采用可持续监管与可持续开发两类措施来推动可持续供应链管理;另一方面,面对主导企业的可持续管理,供应商可以采用可持续遵守、可持续承诺与机会主义三种行为模式。主导企业推行可持续供应商管理的两类措施对供应商可持续实践三种行为模式的影响不同,根据上文的分析,提出如下的假设:

H1a 主导企业可持续供应商监管正向影响供应商可持续遵守。
H1b 主导企业可持续供应商监管正向影响供应商可持续承诺。
H1c 主导企业可持续供应商监管正向影响供应商机会主义行为。
H2a 主导企业可持续供应商开发正向影响供应商可持续遵守。
H2b 主导企业可持续供应商开发正向影响供应商可持续承诺。
H2c 主导企业可持续供应商开发负向影响供应商机会主义行为。

第三节 供应商可持续绩效概念模型

一、供应商可持续绩效评价

主导企业推行可持续供应商管理的目的是为了提升供应商的可持续绩效。现有的研究大多从经济、环境与社会三个维度来评价可持续供应链管理的绩效。可持续管理需要面对的问题不是一成不变的,而是动态变化的。相应地,可持续供应链管理的绩效评价指标也应动态更新。由此可见,可持续供应链管理绩效评价指标体系是一个动态的,包含了财务与非财务指标、量化与质性指标、内在性与外部性指标的复杂评价体系。本研究将基于现有的文献从经济、环境与社会三个层面全面评价主导企业与供应商的可持续绩效。具体评价指标如表2-2所示。

经济绩效从市场、运营与会计三个层面来评价（Golicic and Smith, 2013），具体包括资产收益率、税前收入、毛利率、采购成本、物流效率、成本价格优势、产品质量、市场机会等。环境绩效评价包括减少有毒物质的消耗、减少环境事故爆发频率、提高能源使用效率、减少自然资源消耗、再循环利用及减少废弃物、废气、有毒物质排放等指标（Yawar and Seuring, 2017）。社会绩效评价包括健康工作环境、参与社会公益事业、员工培训、提供就业机会、人力资源开发等指标。

表2-2 供应商可持续绩效评价指标体系

维度	指标	文献
经济绩效	资产收益率	Golicic and Smith, 2013; Hendiani et al., 2020; Narimissa et al., 2020
	税前收入	
	毛利率	
	市场机会	
	产品质量	
	成本价格优势	
	采购成本	
	物流效率	
环境绩效	减少废弃物、废气、有毒物质排放	Yawar and Seuring, 2017; Hendiani et al., 2020; Narimissa et al., 2020
	减少环境事故爆发频率	
	减少污水处理成本	
	减少工作场所事故	
	再循环利用	
	减少自然资源消耗	
	减少有毒物质的消耗	
	提高能源使用效率	
社会绩效	健康工作环境	Boyd et al., 2007; Hendiani et al., 2020; Narimissa et al., 2020
	参与社会公益事业	
	员工培训	
	提供就业机会	
	人力资源开发	

二、供应商可持续实践与供应商可持续绩效

（一）供应商可持续遵守与供应商可持续绩效

主导企业向供应商推行可持续准则，能否提高供应商可持续绩效取决于供应商的遵守程度。当主导企业推行可持续准则时，通常会将不符合要求的供应商列入黑名单，并通过减少订单或终止业务关系加以制裁。因此，那些没有真正遵守可持续准则的供应商可能面临可怕的经济后果。现有实证研究也表明，供应商遵守与可持续绩效之间存在着显著的正向关系(Sánchez-Medina et al., 2015)。以中国企业为样本的研究表明，遵守ISO14000标准提高了企业的盈利能力，企业承担社会责任能显著提升企业价值(史永东和王淏森，2023)与可持续竞争力(Waheed and Zhang, 2022)。来自印度企业的实证分析也发现，自愿性遵守可持续准则与环境绩效之间存在显著的正相关关系。

另一项针对墨西哥企业的经验研究进一步揭示，遵守环境准则改善了经济和环境绩效(Sanchez-Medina et al., 2015)。虽然，需要更高的价格及长期合同才能激励供应商遵守可持续准则，但是遵守劳工标准等可持续准则能够减少员工离职意愿并吸引优秀员工，提升社会绩效。据此，提出以下假设：

H3a　供应商可持续遵守正向影响供应商经济绩效。
H3b　供应商可持续遵守正向影响供应商环境绩效。
H3c　供应商可持续遵守正向影响供应商社会绩效。

（二）供应商可持续承诺与供应商可持续绩效

供应商可持续承诺可以通过减少浪费、更有效地使用资源和能源来提高环境绩效，通过提供更好的工作条件、提高员工的生产效率来提高社会绩效。现有的实证研究也表明可持续承诺能够提高环境与社会绩效。以英国企业为样本的实证研究表，可持续承诺通过正向调节环境管理措施与污染预防行为之间的关系来改善环境绩效。

关于可持续承诺对经济绩效的影响，现有研究并没有一致的结论。可持续承诺对经济绩效的影响之所以没有一致的结论，是因为可持续承诺的成本收益难以权衡。一方面，可持续承诺需要专用性投资及更多的资源，这种投入往往大大超过可持续遵守所需的资源；另一方面，可持续承诺有可能降低各种成本，包括材料、劳动力和生产及服务成本。因而较早的关于可持续承诺与经济绩效之间关系的实证研究结论相互矛盾(Joshi and Li, 2016)。

一些研究表明可持续承诺能够提升经济绩效(Fraj-Andrés et al., 2009),另一些研究却表明二者之间存在负相关关系(Simpson and Bradford, 1996)。

虽然早期的研究结论不一致,但近年来的研究发现可持续承诺能够提升经济绩效,尤其是长期的经济绩效。环境承诺能够为消费者提供环境友好型产品(Chen et al., 2015),减少能源消耗及成本。社会承诺往往通过减少员工离职意愿,减少招聘、劳工、安全及健康成本,减少总成本。可持续承诺能够提升产品质量、提高员工满意度与社会声誉、培养创新能力、增加无形资产,这将进一步提升企业的经济绩效。据此,提出以下假设:

H4a　供应商可持续承诺正向影响供应商经济绩效。

H4b　供应商可持续承诺正向影响供应商环境绩效。

H4c　供应商可持续承诺正向影响供应商社会绩效。

(三) 供应商机会主义行为与供应商可持续绩效

机会主义是指狡诈性地谋求私利,如不完全的或歪曲的信息披露、有意误导、歪曲、掩饰、混淆或以其他方式混淆视听的行为(Williamson, 1985)。可持续供应链管理中,供应商机会主义行为是指供应商利用信息的不对称来掩盖不负责任的行为,以逃避买方的审计,涉及无声抵抗(Acosta et al., 2014)、虚假遵守(Huq et al., 2014)、通过欺骗和贿赂来隐瞒信息(Clifford and Greenhouse, 2013)、"漂绿"(Paulraj et al., 2017)。与不遵守可持续准则相比,供应商机会主义行为的后果更严重。如果不是真心承担社会责任,而是为了掩饰环境问题的"漂绿"行为只会损失环境绩效(伊力奇等,2023)。机会主义行为是通过欺骗性的手段来隐瞒真实情况,这种欺骗性的信息让主导企业误认为供应商行为已经达到了可持续标准,无法准确检测到供应商不负责任的行为,无法识别供应商潜在的环境与社会风险,更不会采取措施干预供应商。一旦类似拉纳广场大楼倒塌之类的事故爆发,后果不堪设想。此外,供应商机会主义行为不仅会损害双方的声誉,而且会损害主导企业与供应商之间的关系,会对承诺和信任产生负面影响,而承诺和信任是成功的买方与供应商合作关系的关键要素(Kaufmann et al., 2018)。一旦失去信任,随后的监管成本会成倍增加。很显然,供应商机会主义行为会损害供应商的经济绩效、环境绩效与社会绩效。据此,提出以下假设:

H5a　供应商机会主义行为负向影响供应商经济绩效。

H5b　供应商机会主义行为负向影响供应商环境绩效。

H5c　供应商机会主义行为负向影响供应商社会绩效。

三、概念模型

针对模块二需要回答3个问题,本章第一节阐述了主导企业推行可持续供应商管理的监管与开发两类措施,第二节分析了监管与开发两类措施如何驱动供应商可持续实践三种模式,第三节进一步分析了供应商可持续实践三种模式如何影响供应商可持续绩效。依据上文的分析,我们构建如图2-2所示的概念模型,验证供应商可持续实践对主导企业可持续供应商管理与供应商可持续绩效之间关系的中介效应。

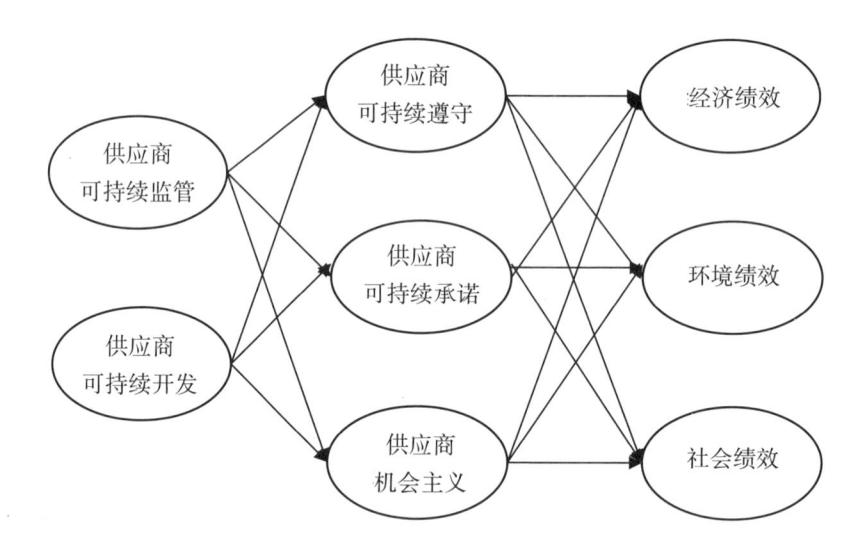

图2-2 供应商可持续实践中介效应的概念模型

可持续供应商管理与供应商可持续绩效之间并没有必然的联系。可持续供应商管理最终能否提升供应商可持续绩效,取决于供应商可持续实践的行为模式。可持续供应商管理只有通过供应商可持续实践才能最终提升供应商的可持续绩效。因此,本研究把供应商可持续实践行为模式作为中介变量,把主导企业可持续供应商管理措施分成供应商可持续监管与可持续开发两类,研究其对供应商可持续遵守、供应商可持续承诺及供应商机会主义行为的不同影响,以及三种供应商可持续实践行为模式对供应商可持续绩效三个维度的不同影响,具体的研究假设见本章第二与第三小节。

第四节　研究设计与实证分析

一、问卷设计与数据收集

（一）问卷设计

本章概念模型中的变量测量题项来源于英文文献，需要从英文转换成中文。为了确保测量工具的内容效度，首先，把英文测量题项翻译成中文，然后再由另外的研究人员把中文翻译成英文，与原始的英文题项相比较；问卷初步设计后，听取了四位可持续供应链管理研究专家的修改建议；然后从食品、纺织、玩具三个行业分别选择一家企业的高管，邀请他们阅读问卷，并进行深度访谈，根据访谈反馈意见修改了问卷；然后，把问卷邮寄给中国的25名高级管理人员进行可读性、模糊性和完整性的测试；最后，根据这些反馈意见，进一步修改问卷条目，确保问卷的内容效度。供应商可持续管理与供应商可持续实践各维度，采用李克特5级量表，1表示完全不同意，5表示完全同意。对于可持续绩效三个维度，调查对象回答最近2~3年各指标是否提升，采用李克特5级量表，1表示一点都没有，5表示非常显著。

（二）样本与数据来源

本研究采用概率抽样中的分层抽样方法，以国民经济行业分类标准（GB/T4754—2011）中的制造业（代码1310—4390）企业为研究总样本，从食品、纺织、服装、皮革与鞋、造纸、玩具、化工、医药、汽车、电子设备、机械等行业中随机选择企业进行问卷调查，一个企业代表一份问卷。本研究涉及企业可持续实践行为模式及可持续绩效，为避免填答者隐瞒真实情况，我们在问卷的开头承诺本问卷只做学术研究、没有商业或政策性目的、绝对保密，并采用匿名的形式，不涉及企业名称及填答者的个人信息。数据获取步骤如下：① 将1000份问卷以电子邮件的方式发送给企业的中高层管理者，123份未能送达，随后经过电话确认，陆续收回116份问卷，有效问卷102份；② 对未回复的企业重发一次邮件，陆续收回87份问卷，有效问卷79份；③ 直接去企业找管理人员填写问卷34份，有效问卷31份；④ 在MBA与EMBA班级发放问卷，收回78份，有效问卷69份。据此，有效问卷共281份，其中，邮件送达877份，回收率为23.1%，有效率为20.6%；当面送达112份，有效率89.3%。样本的描述性统计如表2-3所示。本研究探讨主导企业的可持续供应商管理措施如何影响供应商的可持续实践行为模式，进而影响供应商可持续绩效,因此以企业的管理人员作为受访对象。如表2-3所示,60.5%的被调查者来自于企业的中高层管理者。

表2-3 样本描述性统计

分类		频次	百分比(%)
企业规模	规模5(1000名员工以上)	45	16.01
	规模4(500~999名员工)	78	27.76
	规模3(300~499名员工)	76	27.05
	规模2(100~299名员工)	57	20.28
	规模1(99名员工以下)	25	8.90
企业性质	国有企业	30	10.68
	民营企业	182	64.77
	外资企业	69	24.56
制造业类型	食品、饮料与烟草(GB/T4754—2011 13~16)	32	11.39
	纺织、服装、皮革(GB/T4754—2011 17~19)	47	16.73
	木材、家具、造纸、印刷、文教体育(GB/T4754—2011 20~24)	38	13.52
	石油、化学、医药、化纤、橡胶塑料(GB/T4754—2011 25~29)	39	13.88
	非金属与金属(GB/T4754—2011 30~33)	33	11.74
	通用、专用、运输设备(GB/T4754—2011 34~37)	37	13.17
	电气、通信、仪器等(GB/T4754—2011 38~40)	41	14.59
	其他(GB/T4754—2011 41~43)	14	4.98
工作职位	高层领导者	80	28.47
	中层管理者	90	32.03
	基层执行者	111	39.50

(三)测量工具

1.主导企业可持续供应商管理(Sustainable Supplier Management)

借鉴现有研究,可持续供应链管理措施分成监管与开发两类(Reuter et al., 2010; Gimenez and Tachizawa, 2012; Sancha, et al., 2016; Yawar and Seuring, 2017.)。供应商可持续监管(sustainable supplier monitor, SM)用供应商可持续认证、供应商可持续评估与供应商可持续监控等3个题项测量;可持续供应商开发(sustainable supplier development, SD)用买方对供应

商进行可持续技术培训、现场技术指导或与供应商合作进行可持续技术创新等3个题项测量。具体变量测量详见表2-5。

2. 供应商可持续实践模式(Supplier Sustainable Practice)

借鉴现有文献(Locke et al., 2013; Grimm et al., 2016),本研究中供应商可持续遵守(compliance with sustainable standards, CP)的测量题项包括:① 即使不是我们内在想法,也会履行买方可持续要求;② 即使不能带来收益,我们也会与买方合作可持续项目;③ 即使不能获得利润,我们也接受买方的可持续理念;④ 我们同意达到买方的可持续改进要求。现有文献没有涉及可持续承诺,因此我们借鉴供应链管理关系承诺相关研究(Locke et al., 2013; Jansson et al., 2017),本研究中供应商可持续承诺(commitment to sustainability, CM)的测量题项包括:① 我们进行可持续专用性投资;② 我们设计可持续产品和流程;③ 对员工进行可持续技术培训;④ 我们有正式的激励机制促进可持续发展。可持续供应链管理中,供应商机会主义行为(opportunistic behavior, OB)是指供应商利用信息的不对称来掩盖不负责任的行为,以逃避买方的审计。本研究中用无声抵抗、虚假遵守、隐瞒信息、"漂绿"等4个题项测量。具体变量测量详见表2-5。

3. 供应商可持续绩效(Supplier Sustainable Performance)

依据三重底线的概念,从经济、环境与社会三个维度来测量供应商的可持续绩效。具体来说,经济绩效(economic performance, ECP)用资产收益率、税前净收入(EBIT)、利润占销售额的百分比等3个题项测量(Ameer and Othman, 2012);环境绩效(environmental performance, ENP)用减少空气污染、水污染、固体废物排放、减少资源的消耗和有害物质、节约能源等3个题项测量(Paulraj et al., 2017);社会绩效(social performance, SP)用改善工作环境、致力于社会公益事业、致力于人力资源开发等3个题项测量(Perez and Sanchez, 2009)。具体变量测量详见表2-5。

(四) 应答偏差与共同方法偏差

为了检查本研究可能存在的应答偏差,采用T检验比较前期和后期的调查对象是否存在显著差异。T检验结果显示前期($n=181$)与后期($n=100$)收集的样本企业的企业规模($t=0.652, p=0.515$)、行业类型($t=0.435, p=0.664$)、年销售额($t=0.734, p=0.458$)以及随机抽取的12个条目在5%的置信区间水平上不存在显著的差异。此外,我们还随机选择了150份未答样本,用T检验比较了未答样本与已答样本,结果两者的员工人数($t=0.564, p=0.573$)、年销售额($t=0.708, p=0.479$)、企业所有权

($t=0.348$, $p=728$)和年限($t=0.623$, $p=0.534$)在5%的置信区间水平上不存在显著的差异。因此,本研究数据没有明显的应答偏差。

由于数据的收集采用调查问卷的方式,受访者容易受到社会期望的影响,产生共同方法偏差。一般采用过程控制和统计控制两种方法来检验是否存在共同方法偏差。本研究在量表设计过程中尽量避免歧义,采用反向编码,发放问卷时也尽量确保受访者的匿名性和保密性,在过程控制环节最大限度地避免了共同方法偏差的产生。统计控制采用哈曼的单因素检验法,探索性因子分析发现8个因子的特征值均大于1,其中第一个因子的方差解释度为15.87%,满足不大于40%的检验要求。验证性因子分析显示单因素模型的拟合指标($\chi^2/df = 10.689$, CFI = 0.482, IFI = 0.510, TLI = 0.473, RMSEA = 0.182, SRMR = 0.174)达不到标准,而对自变量与中介变量的五因子模型及因变量的三因子模型的验证性因子分析的拟合效果较佳,具体比较结果如表2-4所示。基于以上分析,本研究数据没有明显的共同方法偏差。

表2-4 单因子与多因子模型拟合效果比较(供应商可持续实践中介效应研究)

因子模型比较	χ^2/df	CFI	TLI	RMSEA	SRMR
单因子模型	10.689	0.482	0.473	0.182	0.174
五因子模型(自变量与中介变量)	1.356	0.989	0.988	0.033	0.029
三因子模型(因变量)	2.344	0.979	0.969	0.069	0.045

二、测量模型检验

(一)效度分析

对于供应商可持续监管与可持续开发,经济绩效、环境绩效与社会绩效这五个潜变量,已有相关文献借鉴,因而可以保证内容效度。为了确保供应商可持续遵守、供应商可持续承诺与机会主义行为这三个潜变量的内容效度,依据Q-sort方法,我们在从事可持续供应链管理研究的研究者与从事可持续管理、环境管理或企业社会责任管理职能的实践者中进行试调研,根据结果反复修改确认。

本研究使用探索性因子分析和验证性因子分析对测量模型进行评估。由于本研究中自变量与因变量的李克特量表采用不同的标准,因此我们分两个测量模型检验量表的聚合效度、收敛效度与区分效度。

对自变量与中介变量测量量表的探索性因子分析与验证性因子分析的结果如表2-5所示。首先,探索性因子分析结果表明,5个因子的特征值均大于1.0,各因子载荷均大于0.7,具有较好的聚合效度。验证性因子分析结果显示,所有标准化系数均大于0.7,最小T值为16.897。测量模型的拟合指标均可接受(Normed Chi Square = 1.356 ≤ 3.0; Goodness of Fit Index = 0.943 ≥ 0.90; Non-Normed Fit Index = 0.988 ≥ 0.90; Comparative Fit Index = 0.989 ≥ 0.90; Root Mean Square Residual = 0.029 ≤ 0.08; Root Mean Square Error of Approximation = 0.033 ≤ 0.08)。此外,所有的平均方差提取度(AVE)均超过0.6,这些结果证明了测量模型收敛效度和一维性。

表2-5 可持续供应商管理与供应商可持续实践的测量模型

潜变量/测量题项 特征值E, Cronbach's α, 组合信度CR, 平均方差提取度AVE	EFA a 因子载荷	CFA 标准系数	T值[b]
供应商可持续监管 (E=7.891; α=0.927; CR=0.929; AVE=0.686)			
供应商可持续认证	0.832	0.837	
供应商可持续评估	0.871	0.899	18.967
供应商可持续监控	0.856	0.857	17.981
供应商可持续开发 (E=1.550; α=0.905; CR=0.906; AVE=0.706)			
供应商可持续技术培训	0.823	0.876	
现场可持续技术指导	0.850	0.812	17.471
与供应商合作可持续技术开发	0.818	0.852	18.158
可持续遵守 (E=1.420; α=0.923; CR=0.924; AVE=0.752)			
即使不是我们内在想法,也会履行买方可持续要求	0.808	0.845	
即使不能带来收益,我们也会与买方合作可持续项目	0.787	0.890	19.232
即使不能获得利润,我们也接受买方的可持续理念	0.838	0.882	18.962
我们同意达到买方的可持续改进要求	0.821	0.850	17.815
可持续承诺 (E=3.276; α=0.925; CR=0.928; AVE=0.764)			
我们进行可持续专用性投资	0.828	0.856	
我们设计可持续产品和流程	0.820	0.836	18.003
对员工进行可持续技术培训	0.856	0.855	18.728
我们有正式的激励机制促进可持续发展	0.905	0.946	22.365
机会主义行为 (E=1.169; CA=0.912; CR=0.938; AVE=0.792)			

潜变量/测量题项 特征值E, Cronbach's α, 组合信度CR, 平均方差提取度AVE	EFA[a] 因子载荷	CFA 标准系数	CFA T值[b]
无声抵抗	0.856	0.887	
虚假遵守	0.873	0.909	19.765
隐瞒信息	0.881	0.880	17.873
"漂绿"	0.808	0.884	16.897

Model Fit Indices: Normed Chi Square = 1.356(≤3.0); Goodness of Fit Index = 0.943 (≥0.90); Non-Normed Fit Index = 0.988 (≥0.90); Comparative Fit Index = 0.989 (≥0.90); Root Mean Square Residual = 0.029(≤0.08); Root Mean Square Error of Approximation = 0.033 (≤0.08)

[a] EFA总方差解释为79.4%

[b] 所有T值的显著性水平 $p<0.01$

对因变量供应商可持续绩效的测量量表的探索性因子分析与验证性因子分析的结果如表2-6所示。首先，探索性因子分析结果表明，3个因子的特征值均大于1.0,各因子载荷均大于0.7,具有较好的聚合效度。验证性因子分析结果显示，所有标准化系数均大于0.7,最小T值为13.404。测量模型的拟合指标均可接受(Normed Chi Square = 2.344 ≤ 3.0; Goodness of Fit Index = 0.956 ≥ 0.90; Non-Normed Fit Index = 0.969 ≥0.90; Comparative Fit Index = 0.979 ≥0.90; Root Mean Square Residual = 0.045 ≤ 0.08; Root Mean Square Error of Approximation = 0.069 ≤0.08)。此外，所有的平均方差提取度(AVE)均超过0.6,这些结果证明了测量模型收敛效度和一维性。

表2-6 供应商可持续绩效测量模型

潜变量/测量题项 特征值E, Cronbach's α, 组合信度CR, 平均方差提取度AVE	EFA[a] 因子载荷	CFA 标准系数	CFA T值[b]
经济绩效 (E=1.570; α = 0.893; CR = 0.898; AVE = 0.748)			
资产收益率	0.750	0.762	
税前净收入 (EBIT)	0.893	0.907	16.044
利润占销售额的百分比	0.907	0.917	16.149

续表

潜变量/测量题项 特征值E，Cronbach's α，组合信度CR，平均方差提取度AVE	EFA[a] 因子载荷	CFA 标准系数	T值[b]
环境绩效（E=1.067；α=0.844；CR=0.844；AVE=0.644）			
减少空气污染、水污染、固体废物排放	0.836	0.807	
减少资源的消耗和有害物质	0.812	0.796	13.404
节约能源	0.817	0.804	13.514
社会绩效（E=4.629；α=0.891；CR=0.891；AVE=0.733）			
改善工作环境	0.895	0.883	
致力于社会公益事业	0.839	0.854	17.524
致力于人力资源开发	0.890	0.830	16.930

Model Fit Indices: Normed Chi Square = 2.344 (≤3.0); Goodness of Fit Index = 0.956 (≥0.90); Non-Normed Fit Index = 0.969 (≥0.90); Comparative Fit Index = 0.979 (≥0.90); Root Mean Square Residual = 0.045 (≤0.08); Root Mean Square Error of Approximation = 0.069 (≤0.08)

[a] EFA总方差解释为80.732%

[b] 所有T值的显著性水平 $p<0.01$

根据Fornell-Larcker准则，潜变量AVE的平方根需要大于潜变量之间的相关系数（Fornell and Larcker，1981）。如表2-7所示，AVE的平方根均大于潜变量之间的相关系数，说明模型具有良好的区分效度。此外，采用卡方检验来验证区分效度，如表2-8所示，32个配对 χ^2 值均存在显著差异，说明此模型的潜变量具有良好的区分效度。

表2-7 供应商可持续实践中介效应模型潜变量相关阵及AVE的平方根

	均值	标准差	SM	SD	CP	CM	OB	ECP	ENP	SP
SM	3.627	0.690	**0.828**							
SD	3.050	0.780	0.290	**0.840**						
CP	3.077	0.963	0.555	0.529	**0.867**					
CM	2.924	0.876	0.258	0.554	0.505	**0.874**				
OB	2.512	0.823	0.232	0.212	0.323	0.245	**0.890**			

续表

	均值	标准差	SM	SD	CP	CM	OB	ECP	ENP	SP
ECP	3.587	0.885	0.444	0.518	0.590	0.489	0.102	**0.865**		
ENP	3.212	0.856	0.339	0.635	0.638	0.664	0.234	0.604	**0.802**	
SP	2.344	0.827	0.313	0.463	0.512	0.651	0.342	0.420	0.479	**0.856**

注：非对角线上的数字为相关系数，对角线的黑体数字是AVE的平方根。

表2-8　χ^2值配对比较区分效度分析（供应商可持续实践中介效应研究）

	SM	SD	CP	CM	OB	ECP	ENP	SP
SM	—							
SD	110.926	—						
CP	52.152	62.282	—					
CM	101.783	64.468	45.315	—				
OB	89.908	76.876	98.876	89.983	—			
ECP	69.988	66.375	33.966	48.377	67.456	—		
ENP	96.529	63.366	38.542	40.026	63.342	45.742	—	
SP	100.992	87.141	52.176	41.741	58.421	68.859	73.692	—

注：约束和无约束关系的χ^2值在0.01的水平下存在显著性差异。

（二）信度分析

采用组合信度（CR）与Cronbach's Alpha（CA）评价量表的信度。如表2-9所示，所有潜变量的组合信度与CA值均大于0.8，因此，此测量模型具有良好的信度。

表2-9　供应商可持续实践中介效应研究量表的信度检验结果

变量	测量项目数	CA	CR
供应商可持续监管	3	0.927	0.929
供应商可持续开发	3	0.905	0.906
可持续遵守	4	0.923	0.924
可持续承诺	4	0.925	0.928

续表

变量	测量项目数	CA	CR
机会主义行为	4	0.912	0.938
经济绩效	3	0.893	0.898
环境绩效	3	0.844	0.844
社会绩效	3	0.891	0.891

三、结构模型检验

（一）整体模型的拟合度

本研究采用 Amos 23 进行模型的整体拟合优度分析。整体模型的拟合指数是用以评价理论模型和样本数据间整体拟合度的指标。

表2-10 供应商可持续实践中介效应模型的拟合优度统计值

拟合指标		理想值	指标值
拟合优度	χ^2/df	<3	1.503
拟合优度指数	GFI	>0.9	0.890
比较拟合指数	CFI	>0.9	0.973
规范拟合指数	NFI	>0.9	0.932
非规范拟合指数	NNFI	>0.9	0.970
简约后规范拟合指数	PNFI	>0.8	0.827
近似误差均方根	RMSEA	<0.08	0.042

表2-10给出了模型的拟合优度统计值及各指标的可接受标准。除GFI的值稍微偏差一点，其他各拟合优度指标的值都在可接受标准以内，表明模型的拟合结果较好。

（二）理论模型的假设检验

本研究采用 Amos 23 结构方程模型路径分析软件对理论模型进行估计，用 Bootstrap（重复次数值设为5000）方法进行显著性检验，模型中参数估计采用最大似然估计。表2-11是概念模型估计后得到的各潜变量之间的路径系数和显著性水平。从表2-11可以看出，供应商可持续监管对可持续遵守的正向影响显著（$b=0.474$；$p<0.01$），供应商可持续监管对可持续

承诺的正向影响显著($b=0.133; p<0.05$),供应商可持续监管对供应商机会主义行为的正向影响显著($b=0.126; p<0.05$),因此假设H1a、H1b、H1c得到验证。

从表2-11可以看出,供应商可持续开发对可持续遵守的正向影响显著($b=0.457; p<0.01$),供应商可持续开发对可持续承诺的正向影响显著($b=0.557; p<0.01$),供应商可持续开发对供应商机会主义行为的负向影响显著($b=-0.139; p<0.05$),因此假设H2a、H2b、H2c得到验证。

从表2-11可以看出,供应商可持续遵守对供应商经济绩效的正向影响显著($b=0.467; p<0.01$),供应商可持续遵守对供应商环境绩效的正向影响显著($b=0.416; p<0.01$),供应商可持续遵守对供应商社会绩效的正向影响显著($b=0.246; p<0.01$),因此假设H3a、H3b、H3c得到验证。

从表2-11可以看出,供应商可持续承诺对供应商经济绩效的正向影响显著($b=0.284; p<0.01$),供应商可持续承诺对供应商环境绩效的正向影响显著($b=0.489; p<0.01$),供应商可持续承诺对供应商社会绩效的正向影响显著($b=0.543; p<0.01$),因此假设H4a、H4b、H4c得到验证。

从表2-11可以看出,供应商机会主义行为对供应商经济绩效的负向影响不显著,供应商机会主义行为对供应商环境绩效的负向影响显著($b=-0.389; p<0.01$),供应商机会主义行为对供应商社会绩效的负向影响显著($b=-0.276; p<0.01$),因此假设H5b、H5c得到验证,但H5a没有得到支持。

表2-11 供应商可持续实践中介效应模型比较

路径关系	完全中介模型	部分中介模型	直接模型
SM→CP	0.474**	0.469**	
SM→CM	0.133*	0.132*	
SM→OB	0.126*	0.118*	
SD→CP	0.457**	0.441**	
SD→CM	0.557**	0.545**	
SD→OB	−0.139*	−0.124*	
CP→ECP	0.467**	0.284**	0.340**
CP→ENP	0.416**	0.321**	0.386**
CP→SP	0.246**	0.193**	0.216**

续表

	完全中介模型	部分中介模型	直接模型
CM→ECP	0.284**	0.194**	0.230**
CM→ENP	0.489**	0.370**	0.438**
CM→SP	0.543**	0.519**	0.548**
OB→ECP	0.014	0.012	0.013
OB→ENP	−0.389**	−0.340**	−0.376**
OB→SP	−0.276**	−0.235**	−0.258**
SM→ECP		0.191**	0.217**
SM→ENP		−0.004	0.011
SM→SP		0.059	0.077
SD→ECP		0.231**	0.262**
SD→ENP		0.278**	0.336**
SD→SP		0.063	0.099+
Model fit indices			
χ^2/df	1.503	1.429	2.170
GFI	0.890	0.897	0.838
CFI	0.973	0.978	0.938
NFI	0.924	0.929	0.891
NNFI	0.970	0.974	0.930
RMSEA	0.042	0.039	0.065
PNFI	0.827	0.815	0.792
AIC	600.071	580.208	809.093
CAIC	896.926	904.893	1115.224
Variance explained (R^2)			
ECP	0.383	0.409	0.284
ENP	0.541	0.578	0.453
SP	0.441	0.439	0.362

注：** t-values significant at $p \leqslant 0.01$；* t-values significant at $p \leqslant 0.05$；+ t-values significant at $p \leqslant 0.10$。

(三) 供应商可持续实践的中介效应分析

为了进一步分析供应商可持续实践的中介效应,我们同时构建了完全中介模型、部分中介模型与直接影响模型,如表 2-11 所示。在部分中介模型中,包含了可持续供应商管理措施与供应商可持续实践模式的直接关系,直接模型中只包括可持续供应商管理措施及供应商可持续实践模式对供应商可持续绩效的直接影响。

表 2-11 中不同模型的拟合指标显示部分中介模型的拟合度最好。对于供应商可持续监管,只有对供应商经济绩效的直接影响显著($b=0.191$;$p<0.01$),说明供应商可持续实践部分中介了供应商可持续监管与供应商经济绩效之间的关系,但是完全中介了供应商可持续监管与环境绩效及社会绩效之间的关系;对于供应商可持续开发,对供应商经济绩效的直接影响($b=0.231$;$p<0.01$)及对环境绩效的直接影响($b=0.278$;$p<0.01$)均显著,说明供应商可持续实践部分中介了供应商可持续开发与经济绩效及环境绩效之间的关系,但是完全中介了供应商可持续开发与社会绩效之间的关系。

采用边缘检验分析供应商可持续实践的中介效应,具体的中介程度如表 2-12 所示。供应商可持续监管与开发作为自变量 X,供应商可持续遵守、承诺与机会主义行为为中介变量 M,供应商可持续经济绩效、环境绩效与社会绩效为因变量 Y,回归分析如式 2-1、式 2-2 与式 2-3 所示,边缘检验统计量 Z 的计算公式如式 2-4 所示,中介效应的相对值计算公式如式 2-5 所示。

$$Y = cX + e_1 \tag{2-1}$$

$$M = aX + e_2 \tag{2-2}$$

$$Y = c'X + bM + e_3 \tag{2-3}$$

$$Z = \frac{ab}{\sqrt{a^2 S_b^2 + b^2 S_a^2}} \tag{2-4}$$

$$\text{中介效应的相对值} = \frac{ab}{c' + ab} \tag{2-5}$$

表 2-12　供应商可持续实践中介效应边缘检验 Z 值

	ECP		ENP		SP	
	Z值	中介效应相对值	Z值	中介效应相对值	Z值	中介效应相对值
SM→CP→	4.543	0.410	5.641	完全中介	4.312	完全中介
SM→CM→	3.410	0.120	3.561	完全中介	4.874	完全中介

续表

	ECP		ENP		SP	
	Z值	中介效应相对值	Z值	中介效应相对值	Z值	中介效应相对值
SM→OB→	0.459	N	−3.852	完全中介	−2.897	完全中介
SD→CP→	4.482	0.351	5.010	0.338	3.167	完全中介
SD→CM→	5.065	0.345	5.412	0.421	3.471	完全中介
SD→OB→	−0.899	N	3.276	0.131	2.562	完全中介

(四) 不同措施效果比较

为了更好地比较供应商可持续监管与供应商可持续开发两类措施的效果,我们计算了两类措施对供应商经济绩效、环境绩效及社会绩效的直接影响,通过供应商可持续遵守、承诺及机会主义行为对经济绩效、环境绩效与社会绩效的间接影响,并计算了总影响程度,如表2-13所示。

表2-13 供应商可持续监管与供应商可持续开发效果比较

		ECP	ENP	SP
SM	SM→	0.191	N	N
	SM→CP→	0.469×0.284≈0.133	0.469×0.321≈0.151	0.469×0.193≈0.091
	SM→CM→	0.132×0.194≈0.026	0.132×0.370≈0.049	0.132×0.519≈0.069
	SM→OB→	N	0.118×(−0.340)≈−0.040	0.118×(−0.235)≈−0.028
	total	0.350	0.160	0.132
SD	SD→	0.231	0.278	N
	SD→CP→	0.441×0.284≈0.125	0.441×0.321≈0.142	0.441×0.193≈0.085
	SD→CM→	0.545×0.194≈0.106	0.545×0.370≈0.202	0.545×0.519≈0.283
	SD→OB→	N	(−0.124)×(−0.340)≈0.042	(−0.124)×(−0.235)≈0.029
	total	0.462	0.664	0.397

表2-13中,直接效应为式2-3中的c',间接效应为式2-2中的a与式2-3中的b的乘积,总效应为的$c'+ab$。表2-13结果显示,供应商可持续开发对供应商经济绩效、环境绩效及社会绩效的影响均好于供应商可持续监管的效果;供应商可持续开发对供应商环境绩效的效果最好,而供应商可持续监管对供应商的社会绩效的效果最差。

四、实证分析结果讨论

意识到供应商不负责任的行为会影响整个供应链的可持续发展,供应链主导企业会采用监管型与开发型两类措施对供应商推行可持续管理。本研究同时分析了可持续监管与可持续开发两类措施对供应商三种可持续实践行为模式的不同影响,以及三种行为模式如何影响供应商的可持续绩效。

研究结果表明,主导企业推行的可持续监管与可持续开发两类措施均能有效促进供应商可持续遵守与可持续承诺:供应商可持续开发(0.441)与供应商可持续监管(0.464)对供应商可持续遵守的影响程度相当,但是可持续开发(0.545)比可持续监管(0.132)对供应商可持续承诺的影响大很多。而且,可持续开发可以抑制(-0.124)、可持续监管却诱发(0.118)供应商机会主义行为。因此,主导企业推行供应商可持续开发对供应商可持续实践的效果远大于可持续监管。

分析供应商可持续实践三种行为模式对供应商可持续绩效三个维度的影响,可以发现可持续遵守与可持续承诺均能提高经济绩效、环境绩效与社会绩效:可持续遵守(0.284)对经济绩效的影响比可持续承诺(0.194)大;可持续遵守(0.321)对环境绩效的影响略小于可持续承诺(0.370);可持续遵守(0.193)对社会绩效的影响远远小于可持续承诺(0.519)。但是,供应商机会主义行为却严重损害供应商的环境绩效(-0.340)与社会绩效(-0.235)。

从总效应来看,主导企业推行的可持续监管与可持续开发两类措施均能提升供应商经济绩效、环境绩效与社会绩效,但是供应商可持续开发的效果大于可持续监管:其中,可持续开发(0.462)对经济绩效的影响略大于可持续监管(0.350);可持续开发(0.664)对环境绩效的影响远大于可持续监管(0.160);可持续开发(0.397)对社会绩效的影响也大于可持续监管(0.132)。

综上,主导企业推行可持续供应商管理的最终目标是为了提升供应商可持续绩效,有效的可持续供应商管理措施仅能促进供应商可持续遵守,还需要能够促进供应商可持续承诺,更需要能够阻止供应商机会主义行为。供应商遵守可持续准则并不能等同于可持续承诺,仅是遵守可持续准则并不一定能提升可持续绩效(Bondy et al., 2008)。这是因为,仅靠可持续准则带来的遵守可能是虚假遵守。例如,大众排放门事件,即美国环境保护署指控大众汽车所售部分柴油车安装了专门应对尾气排放检测的软件,可以识别汽车是否处于被检测状态,继而在车检时秘密启动,从而使汽车能够在车检时以"高环保标准"过关,而在平时行驶时,这些汽车却大量排放污染物,最大可达美国法定标准的40倍。有时,主导企业推行可持续准则并要求供应商遵守,不仅不能提升可持续绩效,反而会诱发供应商采用机会主义行为来应对主导企业的监管。此时,主导企业的可持续监管只是让供应商学会了如何准备虚假记录或两套账本应对主导企业的监管,对可持续绩效的提升毫无帮助(Huq and Stevenson,2020)。现实中,供应商为了应对主导企业的可持续监管,精心准备的可持续准则的遵守报告与实际采取的可持续实践行为相距甚远(Jia et al.,2018))。主导企业推行的可持续准则并没有提高劳工标准,也没能改善供应商的工厂环境(Clarke and Boersma,2017)。即使在2013年震惊全球的孟加拉国服装代工厂大楼倒塌事故造成1100多名工人死亡后,200多家知名品牌组成的联盟签署的工厂安全标准协议,至今也没能使孟加拉国工厂的安全状况发生根本好转。

由此可见,仅仅要求供应商遵守可持续准则不能解决供应商的可持续发展的根本问题,更糟糕的是,这些准则还可能会导致供应商机会主义行为,有损于整个供应链的可持续发展。供应商迫切需要超越可持续遵守,真正做到可持续承诺,致力于可持续实践,才能解决可持续问题。相应地,主导企业需要采用供应商可持续开发措施,帮助供应商形成可持续实践能力,才能促进供应商承诺可持续行为,才能遏制供应商的机会主义行为,真正实现供应链可持续发展。

第五节　本章小结

(一)创新之处

现有文献把可持续管理措施分成监管与合作两类,但没有探讨二者实施效果的差异;现有研究已展开可持续管理措施的效果研究,但要么关注环境绩效、要么关注经济绩效,鲜有研究同时关注环境绩效、社会绩效与经济绩效;现有研究也没有挖掘可持续管理措施对供应商可持续绩效的作用机制。本章研究的创新之处在于:第一,比较了监管与开发两类措施的影响;第二,区分了可持续绩效的经济、环境与社会三个维度;第三,挖掘了可持续实践的中介作用。

(二)结论

本章针对以上研究缺口,基于281份问卷调查的数据分析了主导企业可持续供应商管理两类措施如何通过影响供应商可持续实践三种行为模式进而影响供应商可持续绩效。研究结果表明:

(1)可持续开发比可持续监管更能促进供应商可持续实践。主导企业的可持续监管与可持续开发两类措施均能促进供应商可持续遵守与可持续承诺行为,且二者对供应商可持续遵守的影响程度相当,但可持续开发比可持续监管对供应商可持续承诺的影响大;主导企业可持续开发能抑制供应商机会主义行为,而可持续监管却可能诱发供应商机会主义行为。

(2)供应商可持续承诺比可持续遵守更能提升供应商可持续绩效,机会主义行为会损害供应商可持续绩效。虽然可持续遵守对经济绩效的影响略大于可持续承诺,但可持续承诺对环境绩效的影响大于可持续遵守,对社会绩效的影响远大于可持续遵守。供应商机会主义行为会严重损害供应商的环境绩效与社会绩效。

(3)可持续开发比可持续监管更能提升供应商可持续绩效。从总效应看,可持续开发对供应商经济绩效、环境绩效与社会绩效的影响均大于可持续监管的影响,可持续监管仅对经济绩效有较大的影响,可持续开发对经济绩效、环境绩效与社会绩效均有较大的影响,对环境绩效的影响尤其大。

(4)供应商可持续实践起到中介作用。可持续开发与可持续监管均会直接影响经济绩效,也会通过供应商可持续实践的中介间接影响经济绩效;两类措施对社会绩效没有直接的影响,均需要通过供应商可持续实践的中介才能产生;可持续监管对环境绩效的影响需要通过供应商可持续实践,而可持续开发对环境绩效有直接影响。

(三)管理启示

据此,我们可以得出以下两点管理启示:第一,主导企业在推行可持续供应链管理时要尽量采用可持续开发措施;第二,主导企业在实施可持续监管与可持续开发的同时需要关注供应商的应对模式,尽可能地供应商可持续承诺。第七章将针对这两点管理启示展开治理措施创新设计。

第三章　不同可持续动机驱动下的供应商可持续实践

本章(模块二)依据保罗拉吉等(2017)的分类,从工具性、关系性与道德性三个层面寻找供应商可持续实践的动机,分析不同动机驱动下的供应商可持续实践。

第一节　供应商可持续实践的动机

动机是一种内在的努力欲望,或指导、激励和维持行动的心理过程(Latham and Pinder, 2005)。可持续实践的动机可以分成工具性、道德性与关系性三类。工具性观点认为企业可持续实践只有产生收益才是重要的;道德性观点认为道义上的责任是绝对的,可持续实践是否有回报是次要的。这种分类与"功利论伦理观与义务论伦理观"的两分法相一致。传统的工具论认为企业社会责任实践是为了增加利润(Husted and de Jesus Salazar, 2006);新范式认为企业进行可持续实践是因为可持续本身是正确的事,尽管可持续实践并不一定会带来经济利润(Kanter, 2011; Hahn et al., 2018);关系性动机则是基于利益相关者理论,认为企业可持续实践是为了兼顾各利益相关者的利益。

一、工具性动机

可持续实践的工具性动机与"功利论"(utilitarianism)的伦理观相对应。"功利论"也称功利主义,通常指以实际功效或利益作为道德标准的伦理学说。功利主义不考虑一个人行为的动机与手段,仅考虑一个人行为的结果对最大快乐值的影响。功利论作为一种道德理论,它主张人的行为道德与否,主要看行为的结果。凡行为结果给行为者及其相关的人带来好处,或带来利大于弊的行为,则是道德的,否则就是不道德。功利论注重行为的绩效、效果或结果;

在行为前权衡,计算利弊得失;从个人利益出发,旁及他人与社会的利益。

在可持续相关研究文献中,工具性和战略性这两个术语被互换使用,以描述企业为了利润最大化、应对制度压力和缓解风险的务实性措施(Hofmann et al.,2014)。动机决定着行动的性质,如果行动由经济底线驱动,那么该行动就是工具性或战略性的,而不是为了承担社会责任(Baron et al.,2015)。工具性动机驱动下行动为了价值最大化而不是追求行动本身,因而工具性动机是外在动机。可持续实践经常被作为成功的商业案例来运作(Hockerts,2015),往往以减少成本或增加收入为目的。工具性动机不会关注道德层面,管理者只有确信可持续实践能够成为商业运作,可持续实践能够带来利润,致力于可持续实践才值得。已有研究表明企业承担社会责任是"股东利益最大化"的自利行为、是为了获得竞争优势并吸引买方企业(Tao et al.,2022)。工具性动机驱动下的可持续实践旨在提升公司声誉、差异化产品、鼓励创新、吸引有技能的员工、避免昂贵的监管、建立竞争优势(Aguilera et al.,2007),如表3-1所示。

二、道德性动机

可持续实践的道德性动机与"义务论"(deontological)的伦理观相对应。义务论也称为道义论,是把行动的对错建立在是否履行义务之上。义务,简单地讲,就是做某个行动或者不做某个行动的一个理由,也可以被理解为一项约束行动的道德要求。在西方现代伦理学中,指人的行为必须遵照某种道德原则或按照某种正当性去行动的道德理论,强调道德义务和责任的神圣性、履行义务和责任的重要性,以及人们的道德动机和义务心在道德评价中的地位和作用,认为判断人们行为的道德与否,不必看行为的结果,只要看行为是否符合道德规则,动机是否善良,是否出于义务心等。共同富裕是中国特色社会主义的本质要求,共同富裕的号召下,中国企业需要承担更多的社会责任。中国企业家对国家、对民族怀有崇高使命感和强烈责任感,有深厚的国家情感与造福民众的愿望。"承担社会责任"是社会主义公有制企业的内在要求,企业发展同国家繁荣、民族兴盛、人民幸福紧密结合在一起,企业理应主动为国担当、为国分忧。

现有研究表明,可持续实践活动与公司财务绩效之间并不存在稳健的关系(Panwar et al.,2017),说明工具性动机并非可持续实践的唯一驱动因素。实际上,不是为了经济利益或满足利益相关者的利益,仅出于道德考虑,企业也会自愿致力于可持续实践(Vanpoucke et al.,2016)。出于对社会与环境的道义责任,越来越多的企业会超越利润最大化的目标(Hahn et al.,

2018),不仅不会牺牲利益相关者的利益来追求利润,相反会尽力兼顾环境与社会责任。道德性动机驱动的可持续实践纯粹是为了可持续本身,并不是为了追求利润和声誉,也不是为了减少负面后果。

虽然在供应链研究领域,很少从道德层面来研究可持续实践(Matthews et al., 2016),可持续首先应该是道德问题。在道德性动机的驱动下,企业依据责任感、价值、对社会和环境的关注从事可持续实践活动(Gao and Bansal, 2013)。工具性动机与关系性动机只能部分解释企业的可持续实践,从道德层面来探索可持续实践的动机能够更全面、更深入地理解供应商的可持续实践。基于组织公正、道义伦理及德行伦理等理论,借鉴保罗拉吉等(2017)对主导企业可持续供应链管理动机的研究,我们认为,供应商可持续实践道德性动机:① 来自对环境和社会问题真正的关注;② 源自高层的可持续价值观与信仰;③ 出于对环境与社会的道德责任;④ 认为可持续实践是正确的、该做的事情。具体如表3-1所示。

三、关系性动机

现代企业必须从战略的高度融合员工、客户、供应商、竞争对手、政府和非政府组织团体、社区和股东这些看似矛盾的利益相关者的利益。根据利益相关者理论,企业把满足各利益相关者的利益作为企业价值创造的战略性手段(Gao and Bansal, 2013)。

在可持续供应链管理中,供应商需要面对多个利益相关者,其中最主要的压力来自供应链主导企业,供应商为了维持与主导企业的长期合作关系,需要遵守买方推进的可持续准则;员工是企业内部主要的利益相关者,供应商需要给员工提供安全与舒适的工作环境、保障员工的薪酬福利等权益、满足员工的发展需求;供应商嵌在当地经济与政治环境中,需要遵守可持续相关法律法规;供应商社会关系是其发展的根基,需要维持与当地政府、社区组织及居民之间的和睦关系,因而供应商需要热心于社区的公益活动,不得干扰当地居民的正常生活,不得污染当地环境;供应商不仅要面对来自买方的可持续准则,满足员工、当地社区、政府等利益相关者的利益,还需要应对来自竞争者的压力,当越来越多的竞争对手从事可持续活动时,竞争者压力也成了企业可持续实践的外在动机。总之,企业为了维护与各利益相关者的关系,需要从事可持续行为,具体的关系性动机如表3-1所示。

表 3-1　供应商可持续实践动机

	描　　述	文　　献
工具性	增加利润	Hofmann et al., 2014; Hockerts, 2015; Aguilera et al., 2007; Tao et al., 2023
	获得良好声誉	
	差异化产品	
	增加市场份额	
	获得竞争优势	
道德性	对环境与社会的道德责任	Aguilera et al., 2007; Vanpoucke et al., 2016; Paulraj et al., 2017; Hahn et al., 2018
	对环境与社会问题真正的关注	
	高层的可持续价值观与信仰	
	认为可持续实践是正确的、该做的	
关系性	应对买方的可持续准则	Aguilera et al., 2007
	安抚股东的可持续要求	
	遵守政府的可持续法规	
	满足员工的合法权益	
	维持与社区的良好关系	

第二节　可持续动机与供应商可持续实践的概念模型与研究假设

一、工具性可持续动机与供应商可持续实践

工具性动机与道德无关,采用何种可持续实践模式是通过计算行为的成本和收益后的理性选择,是为了控制风险和成本并提高利润。大量研究表明,工具性动机可以驱动遵守行为。工具性动机最常见于法律法规遵守的研究中(Nielsen and Parker, 2012)。传统的合规战略观点假设,当不合规行为的预期成本超过预期收益时,利润最大化的公司会希望遵守法规(Stigler, 1970)。同样,遵守最低工资和其他职业规定的倾向被发现与违规成本呈正相关(Ashenfelter and Smith, 1979)。如果预见到不遵守规章制度的成本超过预期利润时,企业为了利润最大化会遵守规章制度(Stigler, 1970; Ashenfelter and Smith, 1979),研究表明,遵守最低工资标准与违规的成本显著正相关。对于可持续准则的遵守行为,工具性动机同样是重要驱动因素。担心买方终止合同、失去市场份额,或者为了增加订单与利润、把自己的产品与竞争者区分开、获得竞争优势,

供应商会遵守可持续准则(Oka, 2010)。由此,我们假设:

H1a　工具性可持续动机正向影响供应商可持续遵守。

虽然大部分研究认为工具性动机只关注基本的要求,只能驱动供应商遵守可持续准则,很少能激发供应商的可持续承诺(Vanpoucke et al., 2016),也有一些研究发现工具性动机与可持续承诺之间存在正向关系。考虑到产品的绿色升级及未来的市场份额,企业会制定并推行环保承诺策略(Chen et al., 2015; Jansson et al., 2017)。因此,工具性动机驱动下,供应商为了产品可持续升级后的市场份额,会倾向于有更高层次的可持续承诺,以确保资源与市场定位的战略契合。由此,我们假设:

H1b　工具性可持续动机正向影响供应商可持续承诺。

工具性动机关注可持续实践的结果,权衡可持续实践的利弊,并不关注可持续行为本身。只要行为的结果符合企业的利益,供应商则会考虑。可持续实践的工具性动机旨在增加利润、维护良好声誉、差异化产品、增加市场份额、获得竞争优势。一方面,供应商可持续实践需要各种可持续知识与技术,更需要额外的投资;另一方面,企业需要达到可持续标准才能维护声誉并获得竞争优势。在工具性动机驱动下,如果企业无法克服可持续实践的障碍,就可能会采用机会主义行为来掩盖真相,以此保证利益。在可持续供应链管理过程中,供应商往往会通过提供虚假的信息来掩盖员工过度加班等信息,或通过贿赂审查人员来逃避监管(Clifford and Greenhouse, 2013)。可持续实践是个日常行为,监管人员不可能随时检查,当运行环保设施成本很高时,供应商就可能只是象征性地运行这些环保设施,造成虚假遵守。当可持续实践非常困难,工具性动机还可能导致供应商的无声抵抗与"漂绿"。因此,我们假设:

H1c　工具性可持续动机正向影响供应商机会主义行为。

二、道德性可持续动机与供应商可持续实践

在工具性动机的驱动下,为了获得收益、维护声誉、避免风险,供应商会遵循工具逻辑,选择策略性地遵守可持续准则。而近几年的研究表明,遵守可持续准则不仅源于经济考量,还源自道德判断(Birnbaum, 2016)。当供应商的道德判断与环境法规相一致,自然就会遵守可持续准则。在道德性动机的驱动下,供应商是否遵守可持续准则是基于对可持续准则的实质和过程的内在道德判断(Nielsen and Parker, 2012)。当供应商确信可持续实践是正确的做法,并感到有义务坚守可持续准则时,他们就一定会遵守。因此,我们假设:

H2a 道德性可持续动机正向影响供应商可持续遵守。

受道德性动机驱动的供应商认为企业有道德义务为社会和环境做出积极贡献。在道德性动机驱动下,供应商会往往会超越可持续准则的最低要求,根据企业内在价值从事可持续实践活动(Paulraj et al., 2017)。管理者的道德信仰与价值观对供应商可持续承诺至关重要。可持续承诺是一种积极主动的可持续实践模式,需要规范性的行善动机来驱动(Vormedal, 2017)。在道德信念的指引下,有责任感的供应商愿意认同可持续准则,并承担社会责任(Aguilera et al., 2007)。企业之所以愿意承诺可持续实践活动,是因为它们认为可持续实践是正确的、应该从事的行为((Harwood et al., 2011)。因此,我们假设:

H2b 道德性可持续动机正向影响供应商可持续承诺。

在道德性动机的驱动下,供应商从事可持续实践是出于自身的道德义务考虑,认为可持续行为本身是正确的、是应该做的。因此,我们认为道德性动机会阻止供应商的机会主义行为,提出以下假设:

H2c 道德性可持续动机负向影响供应商机会主义行为。

三、关系性可持续动机与供应商可持续实践

关系性动机基于利益相关者考虑,供应商的可持续实践是为了满足各利益相关者的利益,维持与各利益相关者的良好关系。对于供应商来说,供应链主导企业是最主要的利益相关者,如果主导企业终止合同,供应商将无法生存。因此,供应商会遵守供应链主导企业推行的劳工标准、环境标准等可持续准则(Oka, 2010);供应商为了留住员工,会遵守劳工准则;供应商为了合法经营,自然需要遵守环境与社会准则;供应商为了很好地融入社会网络,也会选择遵守贸易联盟、非政府组织等倡导的可持续准则(Nielsen and Parker, 2012; Huq and Stevenson, 2020)。据此,我们假设:

H3a 关系性可持续动机正向影响供应商可持续遵守。

供应商为了保持与买方的长期合作关系,可能会学习可持续相关知识、投资环保与健康设施等,会花更多资源致力于可持续发展;供应商为了吸引优秀员工,除了保证最低工资与安全标准外,还会提供员工福利与健康环境;供应商为了积累社会资本,会致力于环保、慈善等公益事业,会积极进行生态创新。因此,我们假设:

H3b 关系性可持续动机正向影响供应商可持续承诺。

在关系性动机的驱动下,供应商为了维护与各利益相关者的良好关系,会遵守可持续准则,也会致力于可持续能力的开发。机会主义行为通过不

完全的或歪曲的信息披露、以欺骗的方式谋求私利。可持续供应链管理中，在关系性动机的驱动下，供应商需要维护与主导企业、员工、政府、非政府组织、社区等各利益相关者保持良好的关系，很难采用欺骗性手段的机会主义行为来逃避可持续监管。相反，供应商为了维护与各利益相关者之间的关系，会拒绝机会主义行为。现有研究也没有关注关系性动机是否会导致机会主义行为，因此，我们假设：

H3c 关系性可持续动机负向影响供应商机会主义行为。

四、概念模型

功利论与义务论是支配人们行为的两种不同的道德观。供应商的可持续实践决策原则，既有功利性，也有义务论，两种伦理观同时并存。不仅如此，供应商还会考虑各利益相关者的利益，关系性动机也是重要的驱动动机。因此我们构建如图3-1所示的概念模型，研究不同可持续动机如何影响供应商可持续实践模式。当主导企业采用多种可持续供应商管理措施向供应商推行可持续准则时，供应商可以被动遵守，也可以主动承诺，还可能会采用机会主义行为来逃避主导企业的监管。当供应商采用可持续遵守模式时，不存在内在的可持续信念，也不会倾注热情，只会付出一般或最小的努力来达到主导企业的要求(Falbe and Yukl, 1992)；当供应商采用可持续承诺模式时，完全接受主导企业推行的可持续准则，愿意尽最大的努力持续发展可持续能力(Falbe and Yukl, 1992; Gao and Bansal, 2013)。当主导企业实施可持续供应商管理时，供应商会根据可持续实践动机采用不同的可持续实践模式。

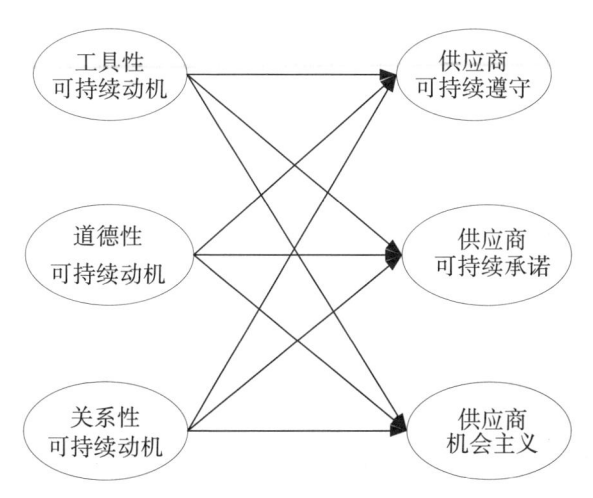

图3-1 可持续动机与供应商可持续实践的概念模型

第三节　研究设计

一、样本与数据收集

本章探讨供应商可持续动机如何影响供应商的可持续实践行为模式，研究样本与数据收集同第二章，具体见表2-3。

二、测量工具

(一) 可持续动机(Sustainability Motives)

借鉴阿奎莱拉等(2007)与保罗拉吉等(2017)的研究，我们用增加利润、获得良好声誉、差异化产品、增加市场份额、获得竞争优势等5个题项测量工具性动机(instrumental motives, IM)；用对环境与社会的道德责任、对环境与社会问题真正的关注、高层的可持续价值观与信仰、认为可持续实践是正确的和该做的等4个题项测量道德性动机(moral motives, MM)；用应对买方的可持续准则、安抚股东的可持续要求、遵守政府的可持续法规、满足员工的合法权益、维持与社区的良好关系等5个题项测量关系性动机(relational motives, RM)。具体变量测量详见表3-3。

(二) 可持续实践模式

供应商可持续遵守、可持续承诺与机会主义三种模式的测量工具同第二章第四节，具体变量测量详见表3-3。

三、应答偏差与共同方法偏差

本章研究样本与数据收集同第二章，应答偏差的检验同第二章，详见第二章第四节的应答偏差检验。

由于数据的收集采用调查问卷的方式，受访者容易受到社会期望的影响，产生共同方法偏差。一般采用过程控制和统计控制两种方法来检验是否存在共同方法偏差。本研究在量表设计过程中尽量避免歧义，采用反向编码，发放问卷时也尽量确保受访者的匿名性和保密性，在过程控制环节最大限度地避免了共同方法偏差的产生。统计控制采用哈曼的单因素检验法，探索性因子分析发现6个因子的特征值均大于1，其中第一个因子的方差解释度为17.83%，满足不大于40%的检验要求。验证性因子分析显示单因素模型的拟合指标（$\chi^2/df = 9.665$, CFI $= 0.522$, IFI $= 0.525$, TLI $= 0.483$, RMSEA $= 0.176$,

SRMR＝0.136)达不到标准,而六因子模型的拟合效果较佳,具体比较结果如表3-2所示。基于以上分析,本研究数据没有明显的共同方法偏差。

表3-2 单因子与六因子模型拟合效果比较(可持续动机研究)

因子模型比较	χ^2/df	CFI	TLI	RMSEA	SRMR
单因子模型	9.665	0.522	0.483	0.176	0.163
六因子模型	1.346	0.989	0.987	0.035	0.028

第四节 数据分析与模型检验

一、测量模型

（一）效度分析

本研究使用探索性因子分析和验证性因子分析对测量模型进行评估,结果如表3-3所示。

表3-3 可持续动机与供应商可持续实践测量模型

潜变量/测量题项 特征值E, Cronbach's alpha CA, 组合信度CR, 平均方差提取度AVE	EFA[a] 因子载荷	CFA 标准系数	T值[b]
工具性动机 (E=7.891; CA=0.927; CR=0.929; AVE=0.686)			
增加利润	0.821	0.827	
获得良好声誉	0.860	0.897	18.900
产异化产品	0.847	0.850	17.361
增加市场份额	0.803	0.800	15.832
获得竞争优势	0.814	0.747	14.333
道德性动机 (E=1.550; CA=0.905; CR=0.906; AVE=0.706)			
对环境与社会的道德责任	0.814	0.869	
对环境与社会问题真正的关注	0.841	0.801	16.431
高层的可持续价值观与信仰	0.818	0.852	18.152
认为可持续实践是正确的、该做的	0.844	0.837	17.621
关系性动机 (E=4.781; CA=0.917; CR=0.918; AVE=0.677)			
应对买方的可持续准则	0.811	0.824	

续表

潜变量/测量题项 特征值E, Cronbach's alpha CA, 组合信度CR, 平均方差提取度AVE	EFA[a] 因子载荷	CFA 标准系数	T值[b]
安抚股东的可持续要求	0.862	0.887	18.890
遵守政府的可持续法规	0.817	0.840	17.387
满足员工的合法权益	0.802	0.801	14.822
维持与社区的良好关系	0.809	0.787	15.433
可持续遵守（E=1.420；CA=0.923；CR=0.924；AVE=0.752）			
即使不是我们内在想法,也会履行买方可持续要求	0.808	0.845	
即使不能带来收益,我们也会与买方合作可持续项目	0.787	0.890	19.232
即使不能获得利润,我们也接受买方的可持续理念	0.838	0.882	18.962
我们同意达到买方的可持续改进要求	0.821	0.850	17.815
可持续承诺（E=3.276；CA=0.925；CR=0.928；AVE=0.764）			
我们进行可持续专用性投资	0.828	0.856	
我们设计可持续产品和流程	0.820	0.836	18.003
对员工进行可持续技术培训	0.856	0.855	18.728
我们有正式的激励机制促进可持续发展	0.905	0.946	22.365
机会主义行为（E=1.169；CA=0.912；CR=0.938；AVE=0.792）			
无声抵抗	0.856	0.887	
虚假遵守	0.873	0.909	19.765
隐瞒信息	0.881	0.880	17.873
"漂绿"	0.808	0.884	16.897

Model Fit Indices: Normed Chi Square = 1.346 ($\leqslant$3.0); Goodness of Fit Index=0.938 ($\geqslant$0.90); Non-Normed Fit Index = 0.987 ($\geqslant$0.90); Comparative Fit Index = 0.989 ($\geqslant$0.90); Root Mean Square Residual = 0.028 ($\leqslant$0.08); Root Mean Square Error of Approximation = 0.035 ($\leqslant$0.08)

[a] EFA总方差解释为78.5%

[b] 所有T值显著性水平 $p<0.01$

首先,对于工具性动机、道德性动机与关系性动机这三个潜变量,已有相关文献借鉴,因而可以保证内容效度。为了确保供应商可持续遵守、可持续承诺与机会主义行为这三个潜变量的内容效度,依据Q-sort方法,我们在从事可持续供应链管理研究的研究者与从事可持续管理、环境管理或企业社会责任管理职能的实践者中进行试调研,根据结果反复修改确认。

其次,探索性因子分析结果表明,6个因子的特征值均大于1.0,各因子载荷均大于0.7,具有较好的聚合效度。验证性因子分析结果显示,所有标准化系数均大于0.7,最小T值为14.333。测量模型的拟合指标均可接受(Normed Chi Square = 1.346 ≤ 3.0; Goodness of Fit Index = 0.938 ≥ 0.90; Non-Normed Fit Index = 0.987 ≥ 0.90; Comparative Fit Index = 0.989 ≥ 0.90; Root Mean Square Residual = 0.028 ≤ 0.08; Root Mean Square Error of Approximation = 0.035 ≤ 0.08)。此外,所有的平均方差提取度(AVE)均超过0.6,这些结果证明了测量模型收敛效度和一维性。

最后,根据Fornell-Larcker准则,潜变量AVE的平方根需要大于潜变量之间的相关系数(Fornell and Larcker, 1981)。如表3-4所示,AVE的平方根均大于潜变量之间的相关系数,说明模型具有良好的区分效度。此外,采用卡方检验验证区分效度,如表3-5所示,约束与无约束关系的15个配对χ^2值均存在显著差异(有约束关系的配对构念之间的相关系数限定为1),说明此模型的潜变量具有良好的区分效度。

表3-4　可持续动机与供应商可持续实践模型潜变量相关阵及AVE的平方根

	均值	标准差	IM	MM	RM	CP	CM	OB
IM	3.627	0.690	**0.828**					
MM	3.050	0.780	0.290	**0.840**				
RM	3.077	0.963	0.555	0.529	**0.823**			
CP	2.924	0.876	0.258	0.554	0.505	**0.867**		
CM	3.587	0.885	0.444	0.518	0.590	0.489	**0.874**	
OB	3.212	0.856	0.339	0.635	0.638	0.664	0.604	**0.890**

注:非对角线上的数字为相关系数,对角线的黑体数字是AVE的平方根。

表3-5　χ^2值配对比较区分效度分析(可持续动机与供应商可持续实践研究)

	IM	MM	RM	CP	CM	OB
IM	—					
MM	110.926	—				
RM	52.152	62.282	—			

续表

	IM	MM	RM	CP	CM	OB
CP	101.783	64.468	45.315	—		
CM	69.988	66.375	33.966	48.377	—	
OB	96.529	63.366	38.542	40.026	45.742	—

注：约束和无约束关系的 χ^2 值在 0.01 的水平下存在显著性差异。

（二）信度分析

采用组合信度（CR）与 Cronbach's Alpha（CA）评价量表的信度。如表 3-6 所示，所有潜变量的组合信度与 CA 值均大于 0.9，因此，此测量模型具有良好的信度。

表 3-6 可持续动机与供应商可持续实践研究量表的信度检验结果

变量	测量项目数	CA	组合信度
工具性动机（IM）	5	0.927	0.929
道德性动机（MM）	4	0.905	0.906
关系性动机（RM）	5	0.917	0.918
可持续遵守（CP）	4	0.923	0.924
可持续实践（CM）	4	0.925	0.928
机会主义行为（OB）	4	0.912	0.938

二、结构模型

（一）整体模型的拟合度

本研究采用 Amos 23 进行模型的整体拟合优度分析。整体模型的拟合指数是用以评价理论模型和样本数据间整体拟合度的指标。表 3-7 给出了模型的拟合优度统计值及各指标的可接受标准。除 GFI 的值稍有偏差，其他各拟合优度指标的值都在可接受标准以内，表明模型的拟合结果较好。

表 3-7 可持续动机与供应商可持续实践结构模型的拟合优度统计值

拟合指标	χ^2/df	GFI	AGFI	NFI	IFI	CFI	RMSEA
理想值	<3	>0.9	>0.8	>0.9	>0.9	>0.9	<0.08
指标值	2.01	0.893	0.863	0.932	0.951	0.965	0.062

(二) 理论模型的假设检验

本研究采用Amos 23结构方程模型路径分析软件对理论模型进行估计,用Bootstrap(重复次数值设为5000)方法进行显著性检验,模型中参数估计采用最大似然估计。表3-8是概念模型估计后得到的各潜变量之间的路径系数和显著性水平。

表3-8　可持续动机与可持续实践模型的路径系数

假设	路径关系	路径系数	标准误	临界比	显著性	结论
H1a	工具性动机→可持续遵守	0.473	0.066	8.210	***	支持
H1b	工具性动机→可持续承诺	0.136	0.055	2.446	0.014	支持
H1c	工具性动机→供应商机会主义	0.080	0.041	1.997	0.046	支持
H2a	道德性动机→可持续遵守	0.458	0.060	8.021	***	支持
H2b	道德性动机→可持续承诺	0.547	0.057	9.148	***	支持
H2c	道德性动机→供应商机会主义	−0.182	0.064	−3.438	***	支持
H3a	关系性动机→可持续遵守	0.386	0.047	5.477	***	支持
H3b	关系性动机→可持续承诺	0.217	0.052	3.676	***	支持
H3c	关系性动机→供应商机会主义	0.011	0.052	0.194	0.847	不支持

注:***表示$p<0.001$。

从表3-8可以看出,工具性动机对可持续遵守的正向影响显著($b=0.473; p<0.01$),工具性动机对可持续承诺的正向影响显著($b=0.136; p=0.014$),工具性动机对供应商机会主义行为的正向影响显著($b=0.080; p=0.046$),因此假设H1a、H1b、H1c得到验证。道德性动机对可持续遵守的正向影响显著($b=0.458; p<0.01$),道德性动机对可持续承诺的正向影响显著($b=0.547; p<0.01$),道德性动机对供应商机会主义行为的负向影响显著($b=-0.182; p<0.01$),因此假设H2a、H2b、H2c得到验证。关系性动机对可持续遵守的正向影响显著($b=0.386; p<0.01$),关系性动机对可持续承诺的正向影响显著($b=0.217; p<0.01$),关系性动机对供应商机会主义行为的影响不显著($b=0.011; p=0.847$),因此假设H3a、H3b得到验证,假设H3c没有获得支持。

第五节 实证分析结果讨论

现有关于可持续实践动机的研究要么只关注工具性动机,要么只关注道德性动机。实际上,工具动机和道德动机在可持续相关决策中同时发挥作用。意识到这一点,本研究同时调查工具性、道德性与关系性三种动机对供应商可持续遵守、可持续承诺及机会主义行为这三种供应商可持续实践行为模式的不同影响。研究发现工具性动机、道德性动机与关系性动机均能促进供应商遵守与承诺:工具性动机对可持续遵守的影响(0.473)大于对可持续承诺的影响(0.136);道德性动机对可持续遵守(0.458)与可持续承诺(0.547)的影响都很大;关系性动机对可持续遵守(0.386)与可持续承诺(0.217)的影响相对较小。说明道德性动机对供应商可持续行为的总效应最大。工具性动机虽然对可持续遵守的影响较大,但是会导致供应商机会主义行为,不利于可持续供应链管理,而道德性动机却可以阻止供应商机会主义行为。这进一步说明道德性动机比工具性动机更能有效地驱动供应商可持续实践,尤其是道德性动机能有效促成可持续承诺。

工具性动机是企业可持续实践最通常的考虑,他们承担社会责任主要是为了打造良好的商业形象。工具性动机虽然有效,但是仅靠工具性动机,可持续实践的目标就会比较短视,一方面企业要关注环境与社会绩效,另一方还要关注经济效益。很多企业并没有完全、真正投入可持续实践,其可持续行为仅仅是为了经济利益(Clarke and Boersma, 2017)。我们的研究结果表明,工具性动机无法有效驱动可持续承诺,这进一步表明自利性的工具动机无法做到真正的可持续发展。经济利益、社会发展与自然环境是相互促进、互为补充的,无法用经济利益替代社会发展与美好的自然环境。如果把经济利益放在首位,关注社会发展与环境保护是出于经济利益的考虑,那么环境与社会问题就不会得到本质的关注,更不会关注环境保护与社会发展的内在价值(Gao and Bansal, 2013)。此外,由于工具性动机认为经济、社会与环境三大目标之间的紧张关系不可调和,它限制了企业可持续实践的贡献范围和规模。如果没有利益相关者的巨大压力或不能达到预期的财务利益,企业就不会从事可持续实践(Hahn et al., 2018)。

从概念上看,工具性动机与道德性动机互不相容,二者在驱动供应商可持续实践中却能相互补充。如果仅受工具性动机驱动,只有在符合经济利益时,供应商才会采用可持续行为,而且仅限于达到经济利益。因此,道德性动机不可或缺,尤其是缺乏经济利益或缺少利益相关者关注的时候。此时,供应商会根据内在的环境价值观及可持续发展观选择可持续实践行为。现实中,主导企业在推行可持续供应链管理会面临多种两难选择。例如,一方面,主导企业要求供应商遵守最低工资标准,要求供应商不能过度加班;另一方面,主导企业追求更低的采购成本与更迅速的交货期。在这样的困境下,如果仅靠工具性动机,那么供应商很可能会放弃可持续准则,追求经济目标。此时,只有道德性动机与工具性动机相互补充,才能调和两难困境(Hahn et al.,2018)。道德性动机与工具性动机的相互融合,有助于主导企业与供应商共同面对两难困境(Hahn et al,2018),有助于解决可持续供应链管理中的两难抉择困境(Wilhelm and Sydow,2018)。

第六节 本章小结

(一) 创新之处

现有研究中有大量文献关注可持续行为背后的动机,这些研究不仅对各种动机进行了分类,而且阐述了各种动机的相对重要性,但这些研究均是立足于主导企业为何推行可持续供应链管理,很少关注供应商的动机。本研究从供应商的视角,分析供应商可持续实践三种模式如何受工具性、道德性与关系性三种动机的驱动。

(二) 结论

本章基于281份问卷调查的数据分析了三种可持续动机对供应商可持续行为的影响,研究结果表明工具性、道德性与关系性三种动机均能促进供应商可持续承诺与可持续遵守;工具性动机只对可持续遵守的影响程度较大,对可持续承诺的影响程度较小;道德性动机对可持续遵守与承诺的影响程度均比较大,且对承诺的影响更大;关系性动机对可持续遵守与承诺的影响程度虽不如道德性动机,但二者的总和与工具性动机的影响程度相当。关系性动机对供应商机会主义行为没有显著的影响,道德性动机能抑制供应商机会主义行为,而工具性动机会诱发供应商机会主义行为。

(三) 管理启示

据此,我们可以得出如下管理启示:可持续供应链管理过程中激发供应商的道德性动机至关重要。道德性动机无法通过经济措施与命令控制手段激发,本书第七章将基于行为经济学"助推"理论设计措施激发供应商的道德性动机。

第四章 供应商可持续实践关键障碍识别

模块三借鉴现有可持续供应链管理障碍研究,在分析供应商可持续实践面临障碍的基础上,采用Fuzzy-DEMATEL关键因素分析方法,识别供应商可持续实践关键障碍。

第一节 供应商可持续实践障碍分析

当主导企业向上游供应商传递可持续压力时,很多供应商在实施可持续实践过程中遇到了困难(Haq et al., 2020;Chowdhury et al., 2023)。这是因为可持续实践需要组织变革,而组织变革很难实现。供应商的管理层不仅需要改变传统的非可持续性的经营模式,还必须准备好应对一系列其他实施障碍。从供应商的角度来说,既然通常是不知名的小企业或不为公众熟知,很少或不会受到来自利益相关者的压力,因而不愿遵守主导企业倡导的可持续准则;来自不同文化背景的供应商对可持续发展重要性的认知会有所差异,有些供应商会觉得没有必要实施严格的可持续准则;如果可持续准则缺乏清晰的标准或没有准确地传达,也会加大供应商遵守准则的难度(Peters et al., 2011);供应商会面临来自不同利益相关者的且可能存在冲突的可持续准则,因而无法有效执行。

在组织内部,主要的可持续实践障碍包括初始成本高、经济效益不确定、缺乏财务或其他资源。其中,成本增加是最主要的障碍之一,不仅包括直接成本还涉及间接成本。不仅在组织内部,组织外部也存在很多障碍。外部障碍源于企业外部,供应商无法控制,包括行业内的强大竞争压力、缺乏规章制度和标准、缺乏来自政府、非政府组织和行业的支持、社会压力的缺失等(Jia et al., 2018)。

借鉴劳尔和考夫曼(2015)等的研究成果,在文献研究的基础上,我们选择了27家供应商进行走访调研,进行了半开放式的访谈。确立的访谈对象为负责公共及政府事务、全球销售、质量管理、人力资源管理、可持续发展管理、环境管理等相关部门的中高层管理层者。根据访谈的结果，最终我们确定了22个供应商可持续实践障碍，如表4-1所示。

表4-1 供应商可持续实践障碍

编码	障碍
B1	过高的先期投入成本
B2	缺少甚至没有经济利益
B3	缺乏具有相应知识的人力资源
B4	缺乏高层管理者的认同或支持
B5	缺乏对管理者或员工的训练
B6	缺乏产业界的支持
B7	员工缺乏对绿色供应链管理的意识或觉醒
B8	高层管理者之间缺乏共识
B9	需要投入相当多时间
B10	缺乏相关环境法规的规范
B11	顾客及利益关系人不在意我们公司对环境的影响
B12	本产业具有高度成本/利润竞争压力
B13	不容易评估投资于环境上所带来的利益
B14	本产业中环保方面的标准不够明确
B15	官方对环保法令的执法并不严谨
B16	公司财力资源的不足
B17	对相关技术及环保程序缺乏相关信息
B18	缺乏供货商的支持与认同
B19	缺乏在环保考虑上研究开发的投资
B20	缺乏来自政府或相关非营利机构的支持
B21	因为风险所以不愿追求环保上的创新
B22	缺乏对如何评估环境绩效的理解

第二节　基于Fuzzy-DEMATEL的关键因素分析方法

一、DEMATEL方法

DEMATEL全称Decision Making Trial and Evaluation Laboratory(决策试验和评价实验室)，是一种用来筛选主要要素，简化系统结构分析过程的方法论。这种方法能有效分析复杂系统诸多因素间的相互影响关系。DEMATEL方法研究复杂系统中因素相互关系的步骤如下。

步骤一：组织相关领域专家学者根据系统中各因素间的相互影响程度给各个因素打分，用得分的大小表示因素间影响程度的大小，根据打分结果生成直接影响矩阵$A=[a_{ij}]$。

步骤二：利用公式(4-1)，将直接影响矩阵A转换为标准化影响矩阵X。

$$x = \frac{1}{\max\limits_{1 \leqslant k \leqslant K} \sum\limits_{j=1}^{n} a_{ij}} A \tag{4-1}$$

步骤三：利用公式(4-2)，通过标准化影响矩阵X计算综合影响矩阵T。

$$T = X(1-X)^{-1} \tag{4-2}$$

步骤四：计算矩阵T的各行和与各列之和，如公式(4-3)、(4-4)所示。r_i表明i因素对系统中其他所有因素的综合影响值，称之为影响度(D)；c_j表示j因素受到系统中其他所有因素给予的综合影响之和，称之为被影响度(R)。当$i=j$时，r_i+c_j表示i因素在系统中的重要程度，称为中心度($D+R$)，表示该元素在系统中的位置以及所起作用的大小。r_i-c_j称为原因度($D-R$)。当$r_i-c_j>0$时，即对系统中其他所有因素的综合影响程度大于被影响程度，此时因素i为原因因素，更多是影响系统中其他因素；当$r_i-c_j<0$时，即受系统中其他因素的综合影响程度大于对系统中其他因素的影响，此时因素i为结果因素，表现为被系统里其他因素所影响。通过原因度和中心度的大小即可筛选出系统中的关键影响因素。

$$r_i = \sum_{j=1}^{n} t_{ij} \tag{4-3}$$

$$c_j = \sum_{j=1}^{n} t_{ij} \tag{4-4}$$

二、模糊集理论

本节根据模糊集理论运用三角模糊数量化专家群体的评价,将专家用语言变量对 n 个影响因素之间相互影响关系的评价转换为三角模糊数 $z_{ij}^k(l_{ij}, m_{ij}, r_{ij})$,其中 $k=1,2,3,\cdots,K; i,j=1,2,3,\cdots,K$,表示第 k 个专家认为因素 i 对因素 j 的影响程度。语言变量与三角模糊数之间的转换标准如表4-2所示。

表4-2　语言变量与模糊数的转换关系

语言变量(Linguistic Variable)	相对应的三元模糊数(TFN)
No 没有影响(No Influence)	(0,0.1,0.3)
VL 影响很小(Very Low Influence)	(0.1,0.3,0.5)
L 影响不大(Low influence)	(0.3,0.5,0.7)
H 影响较大(High Influence)	(0.5,0.7,0.9)
VH 影响很大(Very High Influence)	(0.7,0.9,1.0)

三、专家评价结果去模糊化

采用模糊数转化成准确数值的方法(converting fuzzy data into crisp scores, CFCS),假设 $z_{ij}^k(l_{ij}, m_{ij}, r_{ij})$,其中 $1 \leqslant k \leqslant K$ 三角模糊数去模糊化步骤如下。

步骤一:按照公式(4-5)、公式(4-6)、公式(4-7)将每位专家的三角模糊数进行标准化处理。

$$xl_{ij}^k = \frac{l_{ij}^k - \min_{1 \leqslant k \leqslant K} l_{ij}^k}{\Delta_{\min}^{\max}} \tag{4-5}$$

$$xm_{ij}^k = \frac{m_{ij}^k - \min_{1 \leqslant k \leqslant K} l_{ij}^k}{\Delta_{\min}^{\max}} \tag{4-6}$$

$$xr_{ij}^k = \frac{r_{ij}^k - \min_{1 \leqslant k \leqslant K} l_{ij}^k}{\Delta_{\min}^{\max}} \tag{4-7}$$

步骤二:按照公式(4-8)、公式(4-9)计算标准化后的模糊数的左右值 xls_{ij}^k 和 xrs_{ij}^k。

$$xls_{ij}^k = \frac{xm_{ij}^k}{1 + xm_{ij}^k - xl_{ij}^k} \tag{4-8}$$

$$xrs_{ij}^k = \frac{xr_{ij}^k}{1 + xr_{ij}^k - xl_{ij}^k} \tag{4-9}$$

步骤三:按照公式(4-10)计算总标准化值。

$$x_{ij}^k = \frac{xls_{ij}^k(1 - xls_{ij}^k) + xrs_{ij}^k xrs_{ij}^k}{1 - xls_{ij}^k + xrs_{ij}^k} \tag{4-10}$$

步骤四:按照公式(4-11)计算第 k 个专家评价的因素 i 对因素 j 的影响值。

$$w_{ij}^k = \min_{1 \leq k \leq K}^k l_{ij}^k + x_{ij}^k \Delta_{\min}^{\max} \tag{4-11}$$

步骤五:按照公式(4-12)计算出 k 名专家综合评价的因素 i 对因素 j 量化的影响值。

$$w_{ij}^k = \frac{1}{k} \sum_{k=1}^{K} w_{ij}^k \tag{4-12}$$

第三节 基于Fuzzy-DEMATEL的供应商可持续实践关键障碍识别

一、数据收集与分析

在确定了22种供应商可持续实践障碍以后(如表4-1所示),我们从27家访谈供应商中邀请了20名高层管理者依照经验对22个障碍之间的相互影响关系进行评价。

将获得的专家评价结果根据表4-2的转换关系,由语言变量转换为三角模糊数 (l_{ij}, m_{ij}, r_{ij})。利用公式(4-5)至公式(4-12)对专家的评价结果进行去模糊化,得到直接影响矩阵 A,如表4-3所示。

根据公式(4-1),将直接影响矩阵 A 转换为标准化影响矩阵 X 如表4-4所示。利用公式(4-2),计算综合影响矩阵 T 如表4-5所示。利用公式(4-3)与公式(4-4)分别计算各个障碍的影响度(D)、被影响度(R)、中心度($D+R$)、原因度($D-R$),如表4-6所示。

表 4-3 供应商可持续实践障碍的直接影响矩阵

	B1	B2	B3	B4	B5	B6	B7	B8	B9	B10	B11	B12	B13	B14	B15	B16	B17	B18	B19	B20	B21	B22
B1	0.0000	0.7029	0.6324	0.7385	0.6151	0.5686	0.4907	0.5864	0.5664	0.4720	0.4533	0.6845	0.6492	0.5848	0.4132	0.3755	0.3576	0.3110	0.4129	0.2641	0.1527	0.3055
B2	0.6522	0.0000	0.6699	0.5025	0.4429	0.4907	0.3879	0.4507	0.3104	0.3289	0.2270	0.2915	0.2519	0.2183	0.2255	0.3289	0.224	0.3940	0.3289	0.2824	0.2615	0.2163
B3	0.5000	0.5003	0.0000	0.5780	0.5497	04.695	0.4132	0.3947	0.3485	0.3663	0.2918	0.3943	0.2733	0.2346	0.2163	0.5780	0.5473	0.4695	0.4132	0.3947	0.3485	0.3663
B4	0.4884	0.2926	0.3962	0.0000	0.2733	0.2365	0.2176	0.6424	0.4930	0.3663	0.3201	0.3947	0.5092	0.2343	0.2527	0.3755	0.2733	0.2255	0.2431	0.1898	0.1217	0.1527
B5	0.6014	0.4884	0.6505	0.5213	0.0000	0.4132	0.6245	0.4510	0.3947	0.2611	0.2431	0.1941	0.2346	0.2074	0.1722	0.1810	0.2255	0.1986	0.2024	0.5092	0.1941	0.1444
B6	0.6151	0.6060	0.5965	0.6330	0.5560	0.0000	0.6525	0.6154	0.5373	0.6900	0.4813	0.5353	0.4412	0.3758	0.2436	0.3423	0.2251	0.2078	0.1898	0.1527	0.1610	0.1941
B7	0.5093	0.3657	0.7121	0.5780	0.6802	0.2964	0.0000	0.3842	0.1693	0.1776	0.3059	0.4067	0.2515	0.3758	0.1776	0.1776	0.2699	0.2956	0.1217	0.1610	0.1217	0.1527
B8	0.5871	0.5000	0.6711	0.6620	0.6845	0.2523	0.4813	0.0000	0.1776	0.3370	0.5187	0.5969	0.3563	0.1217	0.4905	0.5864	0.5868	0.5025	0.1527	0.2837	0.1217	0.3055
B9	0.6900	0.6242	0.4035	0.5305	0.5591	0.3013	0.1217	0.1217	0.0000	0.2590	0.1898	0.1610	0.1444	0.1217	0.1444	0.1217	0.1610	0.4429	0.1217	0.1810	0.1217	0.2431
B10	0.1693	0.2733	0.2523	0.2975	0.3515	0.1859	0.1217	0.1217	0.4533	0.0000	0.2699	0.3419	0.1610	0.1217	0.3748	0.2251	0.2339	0.6699	0.1217	0.2343	0.1217	0.4347
B11	0.6792	0.4975	0.3063	0.4692	0.3198	0.2024	0.1217	0.1217	0.1859	0.1810	0.0000	0.4627	0.1217	0.1217	0.2163	0.3377	0.5305	0.2163	0.1444	0.1217	0.1217	0.2431
B12	0.6053	0.5467	0.3387	0.5962	0.3566	0.1693	0.1217	0.5021	0.1217	0.1776	0.3787	0.0000	0.3052	0.1217	0.3059	0.2427	0.5399	0.2557	0.1217	0.1217	0.1217	0.1271
B13	0.5773	0.4440	0.2883	0.5399	0.6057	0.1217	0.1217	0.3159	0.1217	0.2431	0.2078	0.1898	0.0000	0.1217	0.1527	0.1217	0.1217	0.1217	0.1217	0.1217	0.3478	0.2024
B14	0.2163	0.2343	0.2435	0.1859	0.2074	0.1941	0.1217	0.1217	0.1217	0.1217	0.3006	0.1941	0.1217	0.0000	0.1217	0.1217	0.1217	0.1217	0.1217	0.1217	0.1217	0.1693
B15	0.1898	0.1986	0.2251	0.1527	0.2163	0.1444	0.1217	0.1217	0.1217	0.1217	0.3151	0.4533	0.1217	0.1217	0.0000	0.8014	0.2791	0.1941	0.1217	0.1217	0.1217	0.1217
B16	0.5490	0.3147	0.3236	0.3327	0.3603	0.1610	0.1217	0.1217	0.1217	0.1693	0.4458	0.6525	0.1217	0.1217	0.6397	0.0000	0.2692	0.1776	0.1217	0.1217	0.1217	0.1610
B17	0.1693	0.1859	0.2166	0.1634	0.1898	0.1361	0.1217	0.1217	0.1217	0.1217	0.5493	0.4627	0.1217	0.1217	0.4000	0.5493	0.0000	0.6158	0.1217	0.1217	0.1217	0.1814
B18	0.1898	0.3419	0.2519	0.1776	0.2251	0.2515	0.1217	0.1217	0.1217	0.1217	0.5280	0.3693	0.1217	0.1217	0.1693	0.1776	0.1610	0.0000	0.1217	0.1217	0.1217	0.4440
B19	0.3104	0.3937	0.1859	0.3849	0.2163	0.1217	0.1217	0.1217	0.1217	0.2166	0.3973	0.1444	0.1217	0.1217	0.1217	0.1217	0.2787	0.0000	0.1217	0.2791	0.1217	0.1444
B20	0.3943	0.3387	0.1898	0.1814	0.1776	0.1444	0.1217	0.1217	0.1217	0.5402	0.1217	0.1217	0.1217	0.1217	0.1217	0.1217	0.1610	0.3730	0.1217	0.0000	0.1217	0.3550
B21	0.1941	0.1776	0.1610	0.1610	0.3151	0.1217	0.1217	0.1217	0.1217	0.2074	0.1217	0.1444	0.1217	0.1217	0.1217	0.1217	0.1217	0.1983	0.1217	0.1217	0.0000	0.2780
B22	0.1776	0.1693	0.1444	0.1610	0.1810	0.1527	0.1217	0.1217	0.1776	0.2427	0.1217	0.1217	0.1217	0.1217	0.1217	0.1217	0.1941	0.3283	0.1217	0.4533	0.1217	0.0000

表 4-4 供应商可持续实践障碍的标准化影响矩阵

	B1	B2	B3	B4	B5	B6	B7	B8	B9	B10	B11	B12	B13	B14	B15	B16	B17	B18	B19	B20	B21	B22
B1	0.0000	0.0680	0.0612	0.0714	0.0595	0.0550	0.0475	0.0567	0.0548	0.0457	0.0439	0.0662	0.0628	0.0566	0.0400	0.0363	0.0346	0.0301	0.0399	0.0255	0.0148	0.0296
B2	0.0631	0.0000	0.0648	0.0486	0.0428	0.0475	0.0375	0.0436	0.0300	0.0318	0.0220	0.0282	0.0244	0.0211	0.0218	0.0318	0.0217	0.0381	0.0318	0.0273	0.0253	0.0209
B3	0.0484	0.0484	0.0000	0.0559	0.0532	0.4542	0.0400	0.0382	0.0337	0.0354	0.0282	0.0381	0.0264	0.0227	0.0209	0.0559	0.0529	0.0454	0.0400	0.0382	0.0337	0.0354
B4	0.0472	0.0283	0.0383	0.0000	0.0264	0.0229	0.0210	0.0621	0.0477	0.0354	0.0310	0.0382	0.0493	0.0227	0.0244	0.0363	0.0264	0.0218	0.0235	0.0184	0.0118	0.0148
B5	0.0582	0.0472	0.0629	0.0504	0.0000	0.0400	0.0604	0.0436	0.0382	0.0253	0.0235	0.0188	0.0227	0.0201	0.0167	0.0175	0.0218	0.0192	0.0196	0.0493	0.0188	0.0140
B6	0.0595	0.0586	0.0577	0.0612	0.0538	0.0000	0.0631	0.0595	0.0520	0.0667	0.0466	0.0518	0.0427	0.0364	0.0236	0.0331	0.0218	0.0201	0.0184	0.0148	0.0156	0.0188
B7	0.0493	0.0354	0.0689	0.0559	0.0658	0.0287	0.0000	0.0372	0.0164	0.0172	0.0296	0.0393	0.0243	0.0118	0.0172	0.0172	0.0261	0.0286	0.0118	0.0156	0.0118	0.0148
B8	0.0568	0.0484	0.0649	0.0640	0.0662	0.0244	0.0466	0.0000	0.0172	0.0326	0.0502	0.0577	0.0345	0.0118	0.0474	0.0568	0.0568	0.0486	0.0148	0.0274	0.0118	0.0296
B9	0.0667	0.0604	0.0390	0.0513	0.0541	0.0291	0.0291	0.0372	0.0000	0.0251	0.0184	0.0156	0.0140	0.0118	0.0140	0.0156	0.0156	0.0428	0.0118	0.0175	0.0118	0.0235
B10	0.0164	0.0264	0.0244	0.0288	0.0340	0.0180	0.0118	0.0000	0.0439	0.0000	0.0261	0.0331	0.0156	0.0118	0.0363	0.0218	0.0226	0.0648	0.0118	0.0227	0.0118	0.0421
B11	0.0657	0.0481	0.0296	0.0454	0.0309	0.0196	0.0118	0.0118	0.0180	0.0175	0.0000	0.0448	0.0118	0.0118	0.0209	0.0327	0.0513	0.0209	0.0140	0.0118	0.0118	0.0235
B12	0.0586	0.0529	0.0328	0.0577	0.0345	0.0164	0.0118	0.0486	0.0118	0.0172	0.0366	0.0000	0.0295	0.0118	0.0296	0.0235	0.0522	0.0247	0.0118	0.0118	0.0118	0.0123
B13	0.0558	0.0430	0.0279	0.0522	0.0345	0.0118	0.0118	0.0306	0.0118	0.0235	0.0201	0.0184	0.0000	0.0118	0.0118	0.0148	0.0118	0.0118	0.0118	0.0118	0.0336	0.0196
B14	0.0209	0.0227	0.0236	0.0180	0.0586	0.0188	0.0118	0.0118	0.0118	0.0118	0.0291	0.0188	0.0118	0.0000	0.0118	0.0118	0.0118	0.0188	0.0118	0.0118	0.0118	0.0164
B15	0.0184	0.0192	0.0218	0.0148	0.0201	0.0140	0.0118	0.0118	0.0118	0.0118	0.0305	0.0439	0.0118	0.0118	0.0000	0.0775	0.0270	0.0118	0.0118	0.0118	0.0118	0.0118
B16	0.0531	0.0304	0.0313	0.0322	0.0349	0.0156	0.0118	0.0118	0.0118	0.0164	0.0431	0.0631	0.0118	0.0118	0.0619	0.0000	0.0260	0.0172	0.0118	0.0118	0.0118	0.0156
B17	0.0164	0.0180	0.0210	0.0158	0.0184	0.0132	0.0118	0.0118	0.0118	0.0118	0.0531	0.0448	0.0118	0.0118	0.0387	0.0531	0.0000	0.0596	0.0118	0.0118	0.0118	0.0175
B18	0.0184	0.0331	0.0244	0.0172	0.0218	0.0243	0.0118	0.0118	0.0118	0.0511	0.0384	0.0357	0.0118	0.0118	0.0164	0.0172	0.0156	0.0000	0.0118	0.0118	0.0118	0.0430
B19	0.0300	0.0381	0.0180	0.0372	0.0209	0.0118	0.0118	0.0118	0.0118	0.0210	0.0118	0.0140	0.0118	0.0118	0.0118	0.0118	0.0118	0.0000	0.0000	0.0270	0.0118	0.0140
B20	0.0381	0.0328	0.0184	0.0175	0.0172	0.0140	0.0118	0.0118	0.0118	0.0523	0.0118	0.0631	0.0118	0.0118	0.0118	0.0118	0.0118	0.0361	0.0118	0.0000	0.0118	0.0343
B21	0.0188	0.0172	0.0156	0.0156	0.0305	0.0118	0.0118	0.0118	0.0118	0.0201	0.0118	0.0118	0.0118	0.0118	0.0118	0.0118	0.0118	0.0192	0.0118	0.0118	0.0000	0.0269
B22	0.0172	0.0164	0.0140	0.0140	0.0175	0.0148	0.0118	0.0118	0.0172	0.0235	0.0118	0.0118	0.0118	0.0118	0.0118	0.0118	0.0188	0.0318	0.0118	0.0439	0.0118	0.0000

表4-5 供应商可持续实践障碍的综合影响矩阵

	B1	B2	B3	B4	B5	B6	B7	B8	B9	B10	B11	B12	B13	B14	B15	B16	B17	B18	B19	B20	B21	B22
B1	0.1181	0.1706	0.1628	0.1808	0.1607	0.1866	0.1155	0.1367	0.1222	0.1232	0.1244	0.1575	0.1266	0.1043	0.1048	0.1149	0.1080	0.1104	0.0879	0.0821	0.0573	0.0890
B2	0.1485	0.0813	0.1417	0.1329	0.1209	0.1558	0.0911	0.1053	0.0836	0.0934	0.0847	0.1008	0.0757	0.0602	0.0723	0.0919	0.0781	0.0989	0.0694	0.0707	0.0569	0.0675
B3	0.2057	0.1924	0.1446	0.2080	0.1927	0.5913	0.1445	0.1553	0.1347	0.1536	0.1426	0.1689	0.1202	0.0954	0.1093	0.1595	0.1464	0.1483	0.1039	0.1104	0.0881	0.1136
B4	0.1235	0.0987	0.1061	0.0757	0.0959	0.1104	0.0666	0.1130	0.0917	0.0868	0.0854	0.1009	0.0918	0.0555	0.0693	0.0888	0.0760	0.0762	0.0556	0.0558	0.0399	0.0555
B5	0.1417	0.1236	0.1382	0.1320	0.0777	0.1459	0.1109	0.1034	0.0894	0.0851	0.0831	0.0887	0.0724	0.0577	0.0649	0.0760	0.0760	0.0794	0.0565	0.0898	0.0496	0.0592
B6	0.1640	0.1528	0.1516	0.1624	0.1475	0.1244	0.1246	0.1324	0.1146	0.1356	0.1197	0.1366	0.1026	0.0812	0.0842	0.1045	0.0901	0.0946	0.0634	0.0669	0.0539	0.0739
B7	0.1276	0.1072	0.1382	0.1316	0.1340	0.1317	0.0503	0.0943	0.0654	0.0723	0.0854	0.1035	0.0707	0.0471	0.0624	0.0726	0.0775	0.0830	0.0467	0.0555	0.0410	0.0560
B8	0.1570	0.1392	0.1537	0.1596	0.1535	0.1466	0.1064	0.0728	0.0785	0.1016	0.1223	0.1413	0.0922	0.0563	0.1061	0.1271	0.1217	0.1187	0.0587	0.0773	0.0492	0.0823
B9	0.1328	0.1213	0.1010	0.1164	0.1132	0.1121	0.0555	0.0626	0.0441	0.0741	0.0668	0.0721	0.0551	0.0436	0.0530	0.0589	0.0589	0.0898	0.0428	0.0526	0.0372	0.0599
B10	0.0745	0.0789	0.0749	0.0828	0.0836	0.0824	0.0456	0.0514	0.0770	0.0413	0.0671	0.0797	0.0476	0.0365	0.0686	0.0617	0.0594	0.1043	0.0363	0.0516	0.0329	0.0729
B11	0.1288	0.1066	0.0882	0.1077	0.0881	0.0949	0.0517	0.0597	0.0584	0.0626	0.0483	0.0991	0.0509	0.0418	0.0601	0.0786	0.0926	0.0676	0.0431	0.0444	0.0357	0.0574
B12	0.1287	0.1165	0.0974	0.1255	0.0978	0.0990	0.0561	0.0988	0.0559	0.0666	0.0884	0.0616	0.0715	0.0440	0.0721	0.0757	0.0981	0.0756	0.0435	0.0474	0.0382	0.0502
B13	0.1153	0.0975	0.0836	0.1102	0.1112	0.0832	0.0506	0.0748	0.0505	0.0656	0.0628	0.0683	0.0368	0.0396	0.0472	0.0568	0.0512	0.0546	0.0391	0.0435	0.0554	0.0516
B14	0.0602	0.0581	0.0581	0.0558	0.0545	0.0653	0.0355	0.0395	0.0355	0.0389	0.0561	0.0507	0.0342	0.0173	0.0341	0.0388	0.0373	0.0392	0.0287	0.0313	0.0261	0.0369
B15	0.0675	0.0627	0.0637	0.0609	0.0626	0.0673	0.0394	0.0447	0.0394	0.0438	0.0655	0.0843	0.0384	0.0322	0.0306	0.1087	0.0585	0.0519	0.0319	0.0348	0.0291	0.0367
B16	0.1141	0.0873	0.0864	0.0922	0.0888	0.0877	0.0493	0.0570	0.0496	0.0585	0.0874	0.1140	0.0485	0.0398	0.0970	0.0463	0.0678	0.0606	0.0391	0.0425	0.0345	0.0478
B17	0.0687	0.0651	0.0656	0.0647	0.0629	0.0696	0.0410	0.0466	0.0412	0.0473	0.0898	0.0881	0.0401	0.0336	0.0692	0.0885	0.0350	0.0935	0.0334	0.0365	0.0304	0.0452
B18	0.0690	0.0783	0.0686	0.0658	0.0660	0.0814	0.0418	0.0470	0.0430	0.0847	0.0733	0.0765	0.0403	0.0337	0.0460	0.0520	0.0489	0.0373	0.0334	0.0377	0.0303	0.0695
B19	0.0727	0.0765	0.0570	0.0777	0.0589	0.0612	0.0381	0.0430	0.0388	0.0519	0.0425	0.0495	0.0372	0.0312	0.0368	0.0416	0.0393	0.0576	0.0193	0.0484	0.0277	0.0376
B20	0.0809	0.0730	0.0586	0.0605	0.0572	0.0651	0.0389	0.0432	0.0403	0.0833	0.0441	0.0493	0.0378	0.0321	0.0384	0.0426	0.0405	0.0690	0.0316	0.0235	0.0284	0.0592
B21	0.0541	0.0495	0.0475	0.0497	0.0613	0.0524	0.0335	0.0367	0.0336	0.0448	0.0370	0.0408	0.0321	0.0274	0.0323	0.0361	0.0345	0.0446	0.0271	0.0305	0.0132	0.0458
B22	0.0546	0.0508	0.0473	0.0511	0.0504	0.0561	0.0340	0.0375	0.0397	0.0508	0.0388	0.0426	0.0329	0.0282	0.0336	0.0375	0.0422	0.0591	0.0278	0.0619	0.0256	0.0216

表4-6　各个障碍的影响度、被影响度、中心度、原因度

符号	因素	影响度 D值	排名	被影响度 R值	排名	原因度 D−R	排名	中心度 D+R	排名
B1	过高的先期投入成本	2.7444	2	2.4080	2	0.3364	4	5.1524	2
B2	缺少甚至没有经济利益	2.0816	5	2.1879	4	−0.1063	10	4.2695	4
B3	缺乏具有相应知识的人力资源	3.6294	1	2.1348	6	1.4946	1	5.7642	1
B4	缺乏高层管理者的认同或支持	1.8191	8	2.3040	3	−0.4849	21	4.1231	6
B5	缺乏对管理者或员工的训练	2.0012	6	2.1394	5	−0.1382	12	4.1406	5
B6	缺乏产业界的支持	2.4815	3	2.6704	1	−0.1889	15	5.1519	3
B7	员工缺乏绿色供应链管理意识或觉醒	1.8540	7	1.4209	15	0.4331	3	3.2749	10
B8	高层管理者之间缺乏共识	2.4221	4	1.6657	11	0.7564	2	4.0878	7
B9	需要投入相当多时间	1.6238	10	1.4271	14	0.1967	5	3.0509	13
B10	缺乏相关环境法规的规范	1.4110	14	1.6658	10	−0.2548	17	3.0768	12
B11	顾客及利益相关者不在意对环境的影响	1.5663	11	1.7155	8	−0.1492	13	3.2818	9
B12	本产业具高度成本/利润竞争压力	1.7086	9	1.9748	7	−0.2662	18	3.6834	8
B13	不易评估投资环境所带来的利益	1.4494	13	1.3556	17	0.0938	6	2.8050	16
B14	本产业环保方面的标准不够明确	0.9321	20	1.0387	20	−0.1066	11	1.9708	21
B15	官方对环保法令的执法并不严谨	1.1546	17	1.3923	16	−0.2377	16	2.5469	17
B16	公司财力资源的不足	1.4962	12	1.6591	12	−0.1629	14	3.1553	11
B17	对相关技术及环保程序缺乏相关信息	1.2560	15	1.5830	13	−0.3270	19	2.8390	15
B18	缺乏供货商的支持与认同	1.2245	16	1.7142	9	−0.4897	22	2.9387	14
B19	缺乏在环保考虑上研究开发的投资	1.0445	19	1.0192	21	0.0253	7	2.0637	20
B20	缺乏政府或相关非营利机构支持	1.0975	18	1.1951	19	−0.0976	9	2.2926	18
B21	因为风险所以不愿追求环保上的创新	0.8645	22	0.8806	22	−0.0161	8	1.7451	22

续表

符号	因素	影响度 D值	排名	被影响度 R值	排名	原因度 D−R	排名	中心度 D+R	排名
B22	缺乏对如何评估环境绩效的理解	0.9241	21	1.2893	18	−0.3652	20	2.2134	19

根据表4-6的内容绘制供应商可持续实践过程中所遇各种障碍的中心度与原因度的散点图如图4-1所示。

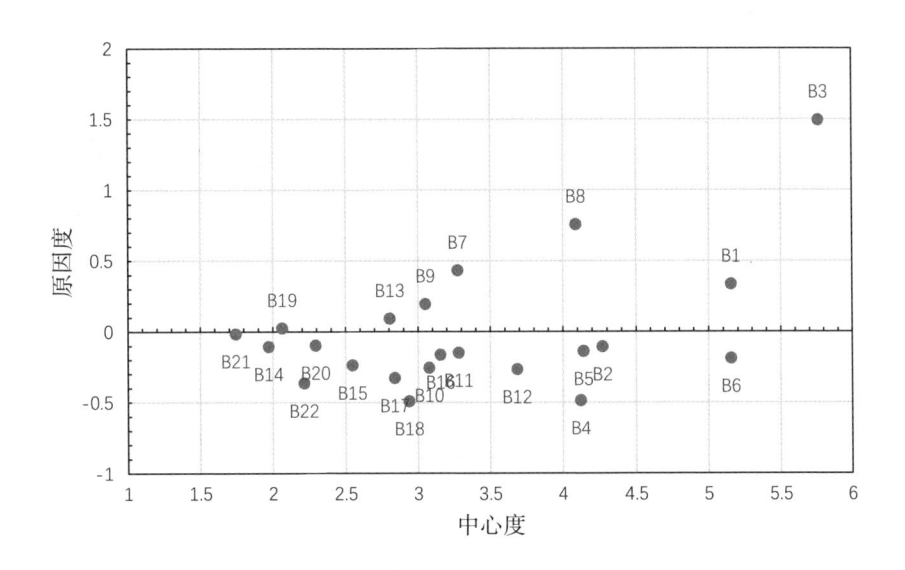

图4-1 供应商可持续实践障碍的散点图

二、各障碍间的因果关系

由图4-1可知，B19、B13、B9、B7、B8、B1与B3均位于横轴上半部分，其原因度大于0，说明这几个障碍的影响度大于被影响度，是原因因素。这几个因素在可持续实践障碍体系中影响其他因素的程度大于被影响程度，按原因度大小排列依次为：缺乏具有相应知识的人力资源(B3)、高层管理者之间缺乏共识(B8)、员工缺乏绿色供应链管理意识或觉醒(B7)、过高的先期投入成本(B1)、需要投入相当多时间(B9)、不易评估投资环境所带来的利益(B13)、缺乏在环保考虑上研究开发的投资(B19)。因这些障碍在可持续实践障碍体系中为原因因素，如果供应商可持续实践过程中出现这些障碍，则极易导致其他障碍的出现。

由图4-1可知，B21、B14、B22、B20、B15、B17、B18、B10、B16、B11、B12、

B4、B5、B2、B6均位于横轴的下半部分,其原因度小于0,说明这些障碍的被影响度大于影响度,是结果因素。这几个因素在可持续实践障碍体系中受其他因素影响的程度大于影响其他因素的程度,按原因度绝对值大小排列依次为:缺乏供应商的支持与认同(B18)、缺乏高层管理者的认同或支持(B4)、缺乏对如何评估环境绩效的理解(B22)、对相关技术及环保程序缺乏相关信息(B17)、本产业具高度成本/利润竞争压力(B12)、缺乏相关环境法规的规范(B10)、官方对环保法令的执法并不严谨(B15)、缺乏产业界的支持(B6)、公司财力资源不够(B16)、顾客及利益相关者不在意对环境的影响(B11)、缺乏对管理者或员工的训练(B5)、本产业环保方面的标准不够明确(B14)、缺少甚至没有经济利益(B2)、缺乏政府或相关非营利机构支持(B20)、因为风险所以不愿追求环保上的创新(B21)。因为这些障碍在可持续实践障碍体系中为结果因素,供应商可持续实践过程中会因其他障碍的存在而导致出现这些障碍。

三、关键障碍识别

把各障碍按照中心度排序后,如表4-7所示,中心度排名前十的障碍依次为缺乏具有相应知识的人力资源(B3)、过高的先期投入成本(B1)、缺乏产业界的支持(B6)、缺少甚至没有经济利益(B2)、缺乏对管理者或员工的训练(B5)、缺乏高层管理者的认同或支持(B4)、高层管理者之间缺乏共识(B8)、本产业具高度成本/利润竞争压力(B12)、顾客及利益相关者不在意对环境的影响(B11)、员工缺乏绿色供应链管理意识或觉醒(B7)。

在这些原因障碍中,缺乏具有相应知识的人力资源(B3)的影响度最大(3.6294),但被影响度也较大(2.1348),说明可持续实践中具有可持续相关知识的人力资源是最为关键的因素。缺乏具有可持续相关知识人力资源的影响度最大,说明供应商内部缺乏可持续相关知识的专业人员会导致其他障碍,因此需要特别关注。供应商可以设立专门的可持续管理部门,招聘专业的可持续管理人员,统一协调各部门完成各项可持续项目。对于可持续管理专员,供应商可以安排他们参加企业社会责任或ESG(环境、社会和公司治理)培训班,学习ESG主流框架、评级体系、治理风险与应对策略。主导企业在推行可持续供应链管理时,可以更多采用合作型的可持续供应商开发措施,对供应商可持续管理专职人员进行相关培训,帮助供应商更好地把握可持续管理的内涵。

表4-7　各个障碍按中心度排序

编号	障碍	影响度	被影响度	中心度	排名
B3	缺乏具有相应知识的人力资源	3.6294	2.1348	5.7642	1
B1	过高的先期投入成本	2.7444	2.408	5.1524	2
B6	缺乏产业界的支持	2.4815	2.6704	5.1519	3
B2	缺少甚至没有经济利益	2.0816	2.1879	4.2695	4
B5	缺乏对管理者或员工的训练	2.0012	2.1394	4.1406	5
B4	缺乏高层管理者的认同或支持	1.8191	2.304	4.1231	6
B8	高层管理者之间缺乏共识	2.4221	1.6657	4.0878	7
B12	本产业具高度成本/利润竞争压力	1.7086	1.9748	3.6834	8
B11	顾客及利益相关者不在意对环境的影响	1.5663	1.7155	3.2818	9
B7	员工缺乏绿色供应链管理意识或觉醒	1.854	1.4209	3.2749	10
B16	公司财力资源的不足	1.4962	1.6591	3.1553	11
B10	缺乏相关环境法规的规范	1.411	1.6658	3.0768	12
B9	需要投入相当多时间	1.6238	1.4271	3.0509	13
B18	缺乏供货商的支持与认同	1.2245	1.7142	2.9387	14
B17	对相关技术及环保程序缺乏相关信息	1.256	1.583	2.839	15
B13	不易评估投资环境所带来的利益	1.4494	1.3556	2.805	16
B15	官方对环保法令的执法并不严谨	1.1546	1.3923	2.5469	17
B20	缺乏政府或相关非营利机构支持	1.0975	1.1951	2.2926	18
B22	缺乏对如何评估环境绩效的理解	0.9241	1.2893	2.2134	19
B19	缺乏在环保考虑上研究开发的投资	1.0445	1.0192	2.0637	20
B14	本产业环保方面的标准不够明确	0.9321	1.0387	1.9708	21
B21	因为风险所以不愿追求环保上的创新	0.8645	0.8806	1.7451	22

第四节　本章小结

(一)创新之处

现有研究已挖掘了可持续供应链管理中主导企业与供应商面临的多种

障碍,但忽略了这些障碍之间错综复杂的因果关系。本章在文献研究的基础上,选择了 27 家供应商进行走访调研,进行了半开放式的访谈,确定了 22 种供应商可持续实践障碍,并从 27 家访谈供应商中邀请了 20 名高层管理者依照经验对 22 个障碍之间的相互影响关系进行评价。采用 Fuzzy-DEMATEL 关键因素分析法对专家评价结果进行数据分析,理清了 22 种可持续实践障碍中的原因因素与结果因素,识别出关键障碍。

(二) 结论

供应商可持续实践障碍中排名靠前的原因因素为缺乏具有相应知识的人力资源、过高的先期投入成本、缺乏产业界的支持、高层管理者之间缺乏共识、缺少甚至没有经济利益、缺乏对管理者或员工的训练、缺乏高层管理者的认同或支持。如果供应商可持续实践过程中出现这些障碍,则极易导致其他障碍的出现。

(三) 管理启示

据此,我们可以得出以下两点管理启示:第一,供应商可持续实践中,需要重点克服以上原因障碍;第二,可持续实践障碍错综复杂,需要组合措施才能治理。本书第七章将阐述可持续实践障碍治理措施优化组合决策步骤。

第五章 供应商机会主义行为发生机制：道德推脱的中介

模块一的研究表明，主导企业可持续供应商管理措施可以驱动供应商可持续实践；模块二的研究表明，供应商可持续动机也会驱动供应商可持续实践；模块三的研究发现，供应商可持续实践面临多种内部与外部障碍。模块四探讨障碍与动机如何通过道德推脱中介，交互性地影响供应商机会主义行为。具体回答以下三个问题：

（1）可持续实践障碍是否会导致供应商机会主义行为？

（2）道德推脱是否对可持续实践障碍与供应商机会主义行为之间的关系起到中介作用？

（3）可持续实践障碍对道德推脱的影响会不会因可持续动机的不同而不同？

第一节 道德推脱

一、道德推脱的内涵

道德推脱（Moral Disengagement）是由班杜拉于1986年首先提出的一种社会认知理论，是指个体对不道德行为产生的一种特定的认知倾向，这些认知倾向包括重新定义自己的行为使其伤害性显得更小，最大限度地减少在不道德行为中的责任、降低对受害者痛苦感受的认同（Bandura，1986）。在班杜拉看来，人之所以会做出不道德行为，很可能源于人的潜在的心理过程。道德推脱可以解释为什么个体在做出不道德行为后甚至不会产生应有的心理内疚和痛苦的反应。道德推脱让原本善良的人暂时选择性地让内在的道德体系沉默（Bandura，2016）。通过道德推脱，个体摆脱了内心争执、羞愧、内疚、自责、懊悔（Fida et al.，2015），在心理上剪断了个体的行为和可的不利结果之间的因果关系,更可能做出不道德行为。

二、道德推脱的作用机制

道德推脱包括道德辩护、委婉标签、有利比较、责任转移、责任分散、忽视或扭曲结果、非人性化、责备归因等八个相互关联和相互作用的心理要素,如表5-1所示。这八个道德推脱要素构成了道德推脱发生作用的心理机制。有研究表明,道德推脱水平高的个体,更可能为自身不道德行为的认知失调辩护、将不道德行为发生归结于他人围观,同时也更倾向于以个体的自利性归因方式为自己的行为寻找理由。

通过调整对不道德行为的可接受性、扭曲或有意忽视不道德行为的后果以及降低对受害者的认同,人们可以摆脱道德的责备与内疚感,在心理上接受不道德行为,从而实现自己的目标(Bandura,2016)。道德推脱八大心理要素可以分成以下三类心理机制(Johnson and Buckley,2015)。

(1)认知重构机制,包括道德辩护、委婉标签和有利比较(Bandura,1986)。道德辩护是个体以某种理由或原因为自己的不当行为进行辩解。委婉标签是个体通过道德的中立价值或者中性语言为自己的不道德行为开脱,使个体的不道德行为从有害转变成为无害甚至是有利。有利比较是个体从比较视角选择危害性更大的行为与自身行为进行对比,从而减少自身行为后果的危害性。这三种心理机制互相作用,互相制衡,层层递进,由表及里,初步形成一种个体为自身不道德行为寻找理由的心理机制。通过这三种机制,个体可以将不道德行为重新定义与重建,内心将其界定为无害甚至是有益行为,减少认知失调带来的紧张和焦虑感(Egels-Zandén,2017;Johnson and Buckley,2015)。

(2)模糊或扭曲机制,包括责任转移、责任分散和忽视或扭曲结果三种(Bandura,1986)。责任转移将事件后果的责任推诿至他人或者集体中的他人,而责任分散将不道德行为后果视为他人围观结果或者应由集体承担。个体通过责任转移和责任分散两种心理将个体在不道德行为中的责任降到最低,然后再通过忽视或扭曲结果心理,选择性忽视或者有意扭曲伤害行为后果,以减轻或弱化自身的愧疚感和负罪感。这三种心理要素相辅相成,从社会视角解读了他人存在带给不道德行为当事人的影响,减少了当事人不道德行为和结果之间的因果关系(Johnson and Buckley,2015)。

(3)自利性归因机制,包括非人性化与责备归因两种。非人性化主要是指不道德行为人认为受害者如动物一样,缺少人的特质,诸如推理能力、思想及情感等,可以随意欺侮或践踏。责备归因主要是指过于强调受害人的过错,将不道德行为后果归因于受害者,自己无错或者无责。自利性归因是社会心理学中的一种归因偏差,突出特征是有利自己,不利他人。作为一种认知倾向,这种自利性归因一方面可以为自己的不道德行为开脱,使自己的不道德行为无责;另一方面也为自己进一步实施不道德行为提供了心理辩护,从而避免进行自我制裁(Johnson and Buckley, 2015)。

表5-1 道德推脱作用机制

机制	心理要素	描述
认知重建机制	道德辩护	改变自身对事件的解释或评价,以便之后再为自己的行为辩护
	委婉标签	用中立的语言使行为在道德上看上去不那么有害甚至有益
	有利比较	与更有害行为作比较,使原来不被接受的不道德行为看起来变得可以接受
模糊或扭曲机制	责任转移	推卸不道德行为中承担的责任,并把其归因于他人
	责任分散	在有他人在场的情况下,所需承担的责任相应减少
	忽视或扭曲结果	对特定行为造成的结果的忽视或扭曲
自利归因机制	非人性化	在认知上对被害者进行价值贬低
	责备归因	对受害者所犯的过错进行罗列

三、道德推脱对不道德行为的解释

道德推脱可以用来解释不道德行为的发生机制。现有研究结果一致表明,道德推脱可以解释不同情境下多种攻击性行为和不适当的行为(Detert et al., 2008; Moore et al. 2012; Baron et al., 2015; Fida et al., 2015, 2016),如表5-2所示。

由于道德推脱既不是一种性格特征(Bandura, 2016),也不是一种自动过程,一些因素可能会阻碍,而一些条件可能会促进道德推脱机制的激活。具体而言,创造力(Zheng et al., 2019)、个人收益(Kish-Gephart et al., 2014)、焦虑或易怒、心理困扰、不安全感和同伴排斥等负面情绪可能会提高道德推脱水平(Fida et al., 2015)。相反,道德认同、同理心、自我效能感可能对抑制道德推脱发挥作用(Deter et al. 2008; Moore et al. 2012)。

表5-2 道德推脱用以解释的不道德行为

不道德行为类型	参考文献
组织腐败行为	Moore, 2008
员工不道德行为	Moore et al., 2012
CFO利润操纵	Beaudoin et al., 2015
怠工行为	Fida et al., 2015
学术不端行为	Fida et al., 2016
工作越轨行为	Zheng et al., 2019

第二节 障碍与动机交互作用下的供应商机会主义：道德推脱的中介

一、可持续实践障碍与机会主义行为

一方面，供应链主导企业采用各种可持续供应商管理措施来督促供应商遵守或致力于可持续实践（Yawar and Seuring, 2017；Sancha et al., 2016）；另一方面，无论是出于道德性动机还是工具性动机，供应商都愿意遵守可持续行为准则，甚至致力于可持续发展（Chen and Chen, 2019）。然而，可持续实践行为往往非常困难，供应商在将可持续发展意识融入生产经营管理过程中面临着各种障碍。面对各种障碍，供应商可能会利用机会主义来逃避可持续责任。"机会主义"一词已被广泛地用来指有意误导、歪曲、伪装、混淆或以其他方式混淆他人利益的行为（Williamson, 1985）。在可持续供应链管理中，供应商机会主义行为包括无声抵抗、虚假遵从、隐瞒信息与"漂绿"等。

根据上一章的研究，供应商可持续实践内部障碍包括可持续技术或服务的成本高、缺乏可持续技术或技能、员工缺乏可持续意识、运营惯性或不愿改变现状、高管缺乏可持续承诺、缺乏财务资源、经济收益不确定或没有经济收益；外部障碍包括缺乏次级供应商可持续承诺、缺乏当地消费者等利益相关者的关心、缺乏政府和非政府组织及行业的支持、缺乏法律法规、缺乏社会可持续压力、竞争压力与低利润。现有研究表明这些障碍会迫使供应商采用机会主义行为（Huq et al., 2014, Koster et al., 2019, Huq and Stevenson, 2018）。洪恩（2014）研究表明当可持续实践的经济效益不明显时，供应商很可能会投机取巧。在财务困难时期，可持续实践很可能被看成是

额外负担。当可持续实践的成本很高时,缺乏财务资源将诱发供应商机会主义。买方通常是供应链主导企业,方法的要求是供应商采用可持续标准的主要原因。当买方缺乏对可持续问题的客观认识时,则会象征性地对供应商提出可持续标准。此时,供应商也只是象征性地遵守可持续准则(Koster et al., 2019)。由此,我们提出以下假设:

H1a 可持续实践内部障碍与供应商机会主义行为正相关。

H1b 可持续实践外部障碍与供应商机会主义行为正相关。

二、道德推脱对可持续实践障碍与供应商机会主义关系的中介作用

如前所述,供应商可持续实践面临多种内部与外部障碍,这些障碍可能为企业提供借口,通过启动道德推脱八种心理要素的一种或者多种,把自己从道德框架中解脱出来,心安理得地从事机会主义行为。

在内部可持续实践障碍中,对大多数供应商来说,成本效益问题是首要的。为了应对成本效益压力,供应商可能采用"道德辩护"和"有利比较"两种心理要素。通过启用"道德辩护"心理要素,管理者将企业的不道德行为重塑为"服务于更大的利益",比如说为了组织的生存(Moore et al., 2012)。同样,启用"有利比较"心理要素,如把使用童工或血汗工厂来寻求低成本的资源与失去生意的后果进行比较,会使不道德的行为的危害显得更小,甚至变得容易接受。

强大的竞争压力和资源的缺乏会直接导致供应商通过道德推脱来为机会主义行为开脱。面临激烈的竞争和资源的匮乏,供应商需要在有限资源的约束下争取最大的利润。在这种情况下,供应商可以用资源匮乏作为借口为企业的不道德行为开脱(Egels-Zanden 2017);也可以启用"道德辩护",把不道德行为解释成了企业的利润与生存(Kouchaki et al., 2013)。面临强大的竞争压力,如果供应商设定了目标,则更可能启动道德推脱。为了实现目标,供应商会忽略自己的不道德行为(Kish-Gephart et al., 2014)。

如果不道德行为的收益超过了被抓后的成本,企业也会启动道德推脱。当环境法规与其他可持续准则缺乏或执行力度不够时,供应商很可能启用"责任分散"这一道德推脱,用"其他企业也是这样的"作为借口,来为自己的不道德行为辩解(Moore et al., 2012)。行业大背景也是供应商决定是否从事可持续行为的重要因素。当缺乏政府、非政府组织及行业组织对可持续实践的支持时,供应商可能启用"责备归因"这一道德推脱,把责任推给政府或行业,认为环境污染等是由于整个行业或政府不支持,而自己无错(Kouchaki et al., 2013)。

此外,大环境也会影响道德推脱的程度。如果社会大环境不关注可持续发展,在这种可持续发展弱化的大背景下,外界对企业没有什么要求,个体因素在决策过程中起决定性的作用。社会压力的缺乏使管理者的道德推脱更明显。此时,管理者更可能启动道德推脱来为他们的机会主义行为开脱。

内部和外部的壁垒不会自动地在真空中导致供应商的机会主义行为;相反,它需要通过社会认知过程实施。我们将道德推脱机制视为将障碍转化为机会主义行为的中介过程。我们认为,障碍可以激活MD这一认知过程,通过这种认知过程,可持续行为准则暂时被模糊,从而使机会主义成为一种合理的行为策略,以应对来自主导企业的可持续供应商管理。因此,我们认为,面临可持续实践内部与外部障碍,供应商会启用道德推脱为机会主义行为开脱,通过道德推脱的中介,可持续实践障碍会导致供应商的机会主义行为。具体的研究假设如下:

H2a 可持续实践内部障碍提升供应商的道德推脱水平。

H2b 可持续实践外部障碍提升供应商的道德推脱水平。

H3 道德推脱水平与供应商机会主义行为正相关。

H4a 道德推脱在内部障碍与供应商机会主义行为之间具有中介作用。

H4b 道德推脱在外部障碍与供应商机会主义行为之间具有中介作用。

三、可持续动机的调节效应

第三章研究表明:① 工具性可持续动机正向影响供应商机会主义行为;② 道德性可持续动机负向影响供应商机会主义行为;③ 关系性可持续动机与供应商机会主义行为之间没有显著的关系。这就说明可持续动机会影响供应商机会主义行为。所以,我们考虑可持续动机对障碍与道德推脱关系的调节作用,研究障碍与可持续动机如何通过道德推脱的中介交互性地影响供应商机会主义行为。因为关系性动机与供应商机会主义行为之间的关系不显著,我们在此只探讨道德性与工具性动机的调节作用。

在道德性动机的驱动下,供应商会真正关注环境与社会问题,认为可持续实践是正确的、应该做的,出于对环境与社会的道德责任,依据可持续价值观与信仰从事可持续实践活动。在道德性动机的驱动下,即使在可持续实践中遇到障碍,也不会阻挡供应商遵守可持续准则并承担企业社会责任。在道德性动机的驱动下,即使遇到障碍,供应商的高管也不会启用道德推脱为自己的机会主义行为辩解。因此,我们认为道德性动机会减弱可持续实践障碍对道

德推脱的影响,道德性动机越高,可持续实践障碍与道德推脱之间的关系越弱。据此,我们提出以下假设:

H5a 道德性动机负向调节可持续实践内部障碍与道德推脱之间的关系。

H5b 道德性动机负向调节可持续实践外部障碍与道德推脱之间的关系。

在工具性动机的驱动下,供应商从事可持续实践活动是为了提升公司声誉、差异化产品、鼓励创新、吸引有技能的员工、避免昂贵的监管、建立竞争优势等。在工具性动机的驱动下,如果在可持续实践中遇到障碍,更可能会采用机会主义行为来达到目标,更可能会启用道德推脱为自身的机会主义行为辩解。尤其是面临外部障碍时,因为外部障碍不可控,供应商更可能启用道德推脱。因此,我们认为工具性动机会强化可持续实践障碍对道德推脱的影响,工具动机越高,可持续实践障碍与道德推脱之间的关系越强。据此,我们提出以下假设:

H6a 工具性动机正向调节可持续实践内部障碍与道德推脱之间的关系。

H6b 工具性动机正向调节可持续实践外部障碍与道德推脱之间的关系。

四、概念模型

根据以上分析,模块四构建有调节的中介效应模型,研究通过道德推脱的中介,供应商可持续障碍与可持续动机交互性地影响供应商机会主义行为,构建的概念模型如图5-1所示。

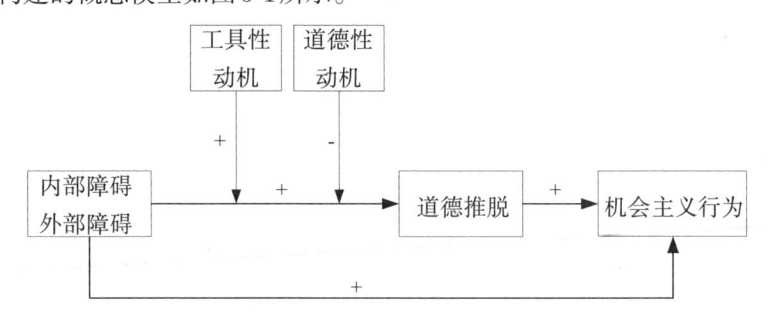

图5-1 供应商机会主义行为发生机制的概念模型

第三节 研究设计

一、样本与数据收集

本章探讨供应商可持续实践障碍如何通过道德推脱的中介诱发机会主义行为以及可持续动机对这一过程的调节作用,研究样本与数据收集同第二章,具体见表2-3。

二、变量测量

因变量。机会主义行为(OB)测量无声抵抗、虚假遵守、隐瞒信息、"漂绿"等四种供应商欺骗性的不道德行为出现的频率,具体变量测量详见表5-3。由于自我报告的测量可能会因社会期望而产生偏差,因此我们邀请人力资源经理或员工来评价机会主义行为,以减少潜在的社会期望偏差和共同方法方差。具体地说,员工或人力资源经理被要求用五分制量表(1表示从不,5表示非常频繁),报告他们被要求参与每一项列出的机会主义行为的频率。具体变量测量详见表5-3。

自变量。供应商可持续实践障碍分内部障碍(Internal Barrier, IB)与外部障碍(External Barrier, EB)。在文献回顾的基础上,对27家供应商的高层管理者进行半结构访谈,确定了22种障碍。随后,邀请了20位专家对22种障碍的相互关系进行了打分,采用Fuzzy-DEMATEL关键因素的识别法,最终选取了7个内部障碍和6个外部障碍。内部障碍包括可持续技术或服务的成本高、缺乏可持续技术或技能、员工缺乏可持续意识、运营惯性或不愿改变现状、高管缺乏可持续承诺、缺乏财务资源、经济收益不确定或没有经济收益;外部障碍包括缺乏次级供应商可持续承诺,缺乏当地消费者等利益相关者的关心,缺乏政府、非政府组织及行业的支持,缺乏法律法规,缺乏社会可持续压力,竞争压力与低利润。具体变量测量详见表5-3,用五级量表测量,1表示完全不重要,5表示非常重要。具体变量测量详见表5-3。

中介变量。道德推脱(Moral Disengagement, MD)量表采用道德辩护、委婉标签、有利比较、责任转移、责任分散、忽视或扭曲结果、非人性化、责备归因等8个题项(Detert et al., 2008; Moore et al., 2012),具体变量测量详见表5-3。由于班杜拉的32项量表是为儿童和青少年设计的,而德特尔特量表是为大学生设计的,所以我们将其调整为适合本研究的可持续发展管理者。用五级量表测量,1表示非常不同意,5表示非常同意。具体变量测量详见表5-3。

调节变量。可持续动机的测量题项借鉴了阿奎莱拉等(2007)、保罗拉吉等(2017)的研究成果,具体变量测量详见表5-3。道德性动机(MM)的测量题项包括:需要对可持续发展负责、真正关系可持续发展问题、高管的可持续信念、可持续实践是正确的且应该做的等4个题项;工具性动机(IM)的测量题项包括避免糟糕的企业形象、让股东满意、与竞争对手区分开来、增加客户群、获得利润、避免昂贵的监管等6个题项。具体变量测量详见表5-3。

第四节 数据分析与模型检验

一、测量模型

(一) 效度分析

本研究使用探索性因子分析和验证性因子分析对测量模型进行评估，结果如表5-3所示。首先，对于道德推脱、可持续动机及可持续障碍这三个潜变量，已有相关文献借鉴，因而可以保证内容效度。为了确保机会主义行为这一潜变量的内容效度，依据Q-sort方法，我们在从事可持续供应链管理研究的研究者与从事可持续管理、环境管理或企业社会责任管理职能的实践者中进行试调研，根据结果反复修改确认。

表5-3 供应商机会主义行为研究的测量模型

潜变量/测量题项	均值	标准差	EFA[a] 载荷	CFA 载荷	T值[b]
内部障碍 (E=15.665; CA=0.956; CR=0.957; AVE=0.790)	2.913				
可持续技术或服务的成本高	3.010	0.940	0.824	0.860	47.772
缺乏可持续技术或技能	2.954	0.978	0.877	0.905	70.338
员工缺乏可持续意识	2.878	0.994	0.876	0.909	90.159
运营惯性或不愿改变现状	2.924	0.947	0.860	0.880	37.632
高管缺乏可持续承诺	2.815	0.779	0.868	0.887	66.798
缺乏财务资源	2.908	0.996	0.888	0.895	68.775
经济收益不确定或没有经济收益	2.924	0.897	0.858	0.886	67.669
外部障碍 (E=1.949; CA=0.938; CR=0.956; AVE=0.766)	3.544				
缺乏次级供应商可持续承诺	3.528	1.194	0.838	0.912	66.139
缺乏当地消费者等利益相关者的关心	3.422	1.201	0.802	0.917	111.100
缺乏政府、非政府组织及行业的支持	3.492	1.276	0.817	0.923	123.574
缺乏法律法规	3.373	1.080	0.875	0.922	106.561
缺乏社会可持续压力	3.660	0.868	0.808	0.805	36.453

续表

潜变量/测量题项	均值	标准差	EFA[a] 载荷	CFA 载荷	T值[b]
竞争压力与低利润	3.733	0.770	0.786	0.760	27.692
道德推脱(E=3.660；CA=0.982；CR=0.984；AVE=0.886)	3.030				
道德辩护	2.977	1.074	0.729	0.940	157.231
委婉标签	2.990	1.117	0.720	0.955	234.019
有利比较	3.030	1.089	0.716	0.935	158.683
责任转移	3.020	1.032	0.706	0.932	149.261
责任分散	3.043	1.055	0.715	0.948	186.919
忽视或扭曲结果	2.993	1.067	0.754	0.939	141.796
非人性化	3.129	1.003	0.756	0.942	153.222
责备归因	3.050	0.945	0.788	0.937	139.516
道德性动机(E=1.635；CA=0.942；CR=0.944；AVE=0.851)	2.990				
因为我们觉得对可持续发展负责	3.010	1.111	0.890	0.935	149.617
因为真正关系可持续发展问题	3.043	1.113	0.890	0.915	94.538
因为高管的可持续信念	2.944	1.159	0.881	0.920	129.853
因为是正确的、应该做的	2.960	1.155	0.881	0.920	114.287
工具性动机(E=5.049；CA=0.967；CR=0.973；AVE=0.858)	3.042				
避免糟糕的企业形象	3.030	1.213	0.815	0.873	53.952
让股东满意	3.076	1.227	0.866	0.942	178.023
与竞争对手区分开来	3.056	1.250	0.850	0.942	181.367
增加客户群	3.026	1.252	0.849	0.935	171.376
获得利润	3.099	1.308	0.838	0.925	144.264
避免昂贵的监管	2.964	1.269	0.857	0.940	163.658
机会主义行为(E=1.169；CA=0.912；CR=0.938；AVE=0.792)	2.364				
无声抵抗	2.254	0.965	0.776	0.887	53.472
虚假遵守	2.340	1.042	0.763	0.909	96.048
隐瞒信息	2.429	0.990	0.789	0.880	54.974

续表

潜变量/测量题项	均值	标准差	EFA[a] 载荷	CFA 载荷	T值[b]
"漂绿"	2.439	1.052	0.748	0.884	60.788

[a] 探索性因子分析总方差解释 83.221%；[b] 所有T值显著性 $p<0.01$。

其次，SPSS软件探索性因子分析结果表明，所有因子的特征值均大于1，所有的因子载荷都超过了0.7，具有较好的聚合效度。SmartPLS软件验证性因子分析的结果表明所有的外部载荷均超过0.7，最小的T值为27.692，显著性水平均达到了0.01。此外，所有的平均方差提取度（AVE）从0.792到0.886，均超过0.6，这些结果证明了测量模型收敛效度和一维性。

最后，区分效度用Fornell-Larcker准则、交叉载荷、HTMT准则检验。根据Fornell-Larcker准则，潜变量AVE的平方根需要大于潜变量之间的相关系数；项目载荷需要大于交叉载荷；根据HTMT准则，HTMT的值需要小于0.9。如表5-4所示，AVE的平方根均大于潜变量之间的相关系数，说明模型具有良好的区分效度。由表5-5可见，其中项目载荷在设定潜变量的值明显高于在其他变量的值。由表5-6所示，所有的HTMT的值均低于0.8，说明本研究测量模型有着良好的区分效度。

表5-4 供应商机会主义行为模型潜变量相关矩阵及AVE的平方根

	IB	EB	MD	MM	IM	OB
IB	**0.889**					
EB	0.330	**0.875**				
MD	0.434	0.543	**0.941**			
MM	−0.132	−0.019	−0.422	**0.922**		
IM	0.137	0.377	0.710	−0.391	**0.926**	
OB	0.368	0.477	0.693	−0.294	0.509	**0.890**

注：对角线的黑体数字是AVE的平方根。

表5-5 供应商机会主义模型因子载荷与交叉载荷

	IB	EB	MD	MM	IM	OB
IB1	**0.860**	0.351	0.385	−0.086	0.125	0.338
IB2	**0.905**	0.289	0.401	−0.128	0.138	0.347
IB3	**0.909**	0.289	0.413	−0.139	0.130	0.362

续表

	IB	EB	MD	MM	IM	OB
IB4	**0.880**	0.285	0.361	−0.113	0.102	0.316
IB5	**0.887**	0.270	0.399	−0.133	0.140	0.313
IB6	**0.895**	0.231	0.360	−0.116	0.092	0.283
IB7	**0.886**	0.330	0.375	−0.106	0.119	0.325
EB1	0.299	**0.912**	0.513	−0.051	0.346	0.444
EB2	0.297	**0.917**	0.560	−0.008	0.419	0.493
EB3	0.379	**0.923**	0.536	−0.012	0.327	0.468
EB4	0.285	**0.922**	0.458	0.020	0.293	0.427
EB5	0.248	**0.805**	0.377	0.026	0.299	0.296
EB6	0.194	**0.760**	0.353	−0.080	0.276	0.328
MD1	0.397	0.487	**0.940**	−0.439	0.684	0.629
MD2	0.418	0.534	**0.955**	−0.409	0.681	0.697
MD3	0.423	0.538	**0.935**	−0.366	0.644	0.695
MD4	0.415	0.522	**0.932**	−0.356	0.684	0.659
MD5	0.440	0.516	**0.949**	−0.424	0.686	0.656
MD6	0.420	0.515	**0.939**	−0.407	0.645	0.616
MD7	0.390	0.490	**0.942**	−0.413	0.653	0.656
MD8	0.363	0.481	**0.937**	−0.363	0.665	0.603
MM1	−0.143	0.012	−0.401	**0.935**	−0.373	−0.274
MM2	−0.105	−0.004	−0.352	**0.915**	−0.363	−0.241
MM3	−0.140	−0.063	−0.407	**0.920**	−0.368	−0.289
MM4	−0.098	−0.014	−0.393	**0.920**	−0.340	−0.278
IM1	0.146	0.289	0.618	−0.316	**0.873**	0.433
IM2	0.138	0.346	0.666	−0.348	**0.942**	0.499
IM3	0.111	0.358	0.666	−0.420	**0.942**	0.478
IM4	0.148	0.379	0.671	−0.363	**0.935**	0.497
IM5	0.141	0.365	0.668	−0.353	**0.925**	0.454
IM6	0.076	0.355	0.653	−0.374	**0.940**	0.464
OB1	0.348	0.393	0.608	−0.267	0.431	**0.887**
OB2	0.317	0.445	0.655	−0.259	0.483	**0.909**

续表

	IB	EB	MD	MM	IM	OB
OB3	0.322	0.414	0.580	−0.268	0.442	**0.880**
OB4	0.325	0.445	0.620	−0.253	0.453	**0.884**

表5-6　供应商机会主义行为模型HTMT

	IB	EB	MD	MM	IM	OB
IB						
EB	0.341					
MD	0.447	0.555				
MM	0.138	0.052	0.438			
IM	0.141	0.392	0.728	0.410		
OB	0.393	0.505	0.730	0.316	0.541	

(二) 信度分析

采用组合信度(CR)与Cronbach's Alpha (CA)评价量表的信度。如表5-7所示，所有潜变量的组合信度与CA值均大于0.8，因此，此测量模型具有良好的信度。

表5-7　供应商机会主义行为研究量表的信度检验结果

变量	测量项目数	CA	组合信度
内部障碍	7	0.956	0.957
外部障碍	6	0.938	0.956
道德推脱	8	0.982	0.984
道德性动机	4	0.942	0.944
工具性动机	6	0.967	0.973
机会主义行为	4	0.912	0.938

二、结构模型

检验了测量模型的信度与效度之后，运行SmartPLS软件的PLS Algorithm、Bootstrapping、Blindfolding三项算法来检验结构模型质量及研究假设。结构模型质量用内源性结构的可解释变异(R^2)与Stone-Geisser's Q^2来评价。研究假设用β系数、T值及效应值(f^2)来检验。在检验研究假设之前，需要评估结构模型的质量并检验外生潜变量之间是否存在多重共线性。本研究用外生潜变量的因子得分与内生潜变量的因子得分做回归分析,根据方差膨胀因子VIF的值检验多重共线性。如表5-8所示,结果表明VIF值处在1.122到1.583之间,均低于临界值5(Hair et al., 2014),说明潜变量之间不存在多重共线性。

为了检验可持续障碍对供应商机会主义行为影响的直接效应及道德推脱的中介效应,我们在模型1中只引入自变量和中介变量,结果如表5-8所示。然后在模型2中加入了道德性动机及其与障碍的交互项,在模型3中加入了工具性动机及其与障碍的交互项,在模型4中同时加入了道德性动机与工具性动机及其与障碍的交互项,以此检验可持续动机的调节效应,结果如表5-9所示。

(一) 结构模型质量

如表5-8所示,模型1中,道德推脱的R^2为0.368,说明可持续实践内部障碍与外部障碍很好地解释了道德推脱;机会主义行为的R^2为0.499,说明可持续实践内部障碍、外部障碍与道德推脱很好地解释了供应商机会主义行为。道德推脱与供应商机会主义行为的Q^2分别为0.303与0.370,均大于0,说明模型1有着良好的预测相关性。

表5-8 供应商机会主义模型的直接效应与中介效应

假设	路径关系	VIF	β系数	T值	结论	R^2	f^2	Q^2
H2a	IB → MD	1.122	0.287***	5.353	支持	0.368	0.116	0.303
H2b	EB → MD	1.122	0.449***	8.934	支持		0.284	
H1a	IB → OB	1.252	0.067[NS]	1.527	不支持	0.499	0.007	0.370
H1b	EB → OB	1.441	0.134**	2.420	支持		0.025	
H3	MD → OB	1.583	0.592***	11.676	支持		0.441	
H4a	IB → MD → OB		0.170***	5.110	支持			
H4b	EB → MD → OB		0.265***	6.843	支持			

***显著性水平$p<0.01$, **$p<0.05$, *$p<0.1$, [NS]不显著。

表5-9 供应商机会主义行为模型中的动机的调节效应

		模型1		模型2		模型3		模型4	
		MD	OB	MD	OB	MD	OB	MD	OB
IB	Std Beta	0.287***	0.067[NS]	0.255***	0.067[NS]	0.282***	0.067[NS]	0.271***	0.067[NS]
	t−value	5.353	1.527	5.695	1.547	7.476	1.528	7.470	1.538
	f^2	0.116	0.007	0.126	0.007	0.225	0.007	0.224	0.007

续表

		模型1		模型2		模型3		模型4	
		MD	OB	MD	OB	MD	OB	MD	OB
EB	Std Beta	0.449***	0.134**	0.432***	0.134**	0.241***	0.134**	0.262***	0.134**
	t-value	8.934	2.420	9.139	2.484	5.711	2.499	6.055	2.470
	f^2	0.284	0.025	0.360	0.025	0.143	0.025	0.177	0.025
MD	Std Beta		0.592***		0.591***		0.591***		0.591***
	t-value		11.676		11.847		12.189		11.815
	f^2		0.441		0.440		0.440		0.439
MM	Std Beta			−0.339***				−0.153***	
	t-value			7.873				4.021	
	f^2			0.238				0.064	
IM	Std Beta					0.557***		0.473***	
	t-value					13.833		10.835	
	f^2					0.826		0.551	
MM*IB	Std Beta			−0.112***				−0.073*	
	t-value			2.696				1.745	
	f^2			0.027				0.014	
MM*EB	Std Beta			−0.141***				−0.081*	
	t-value			3.199				1.968	
	f^2			0.050				0.022	
IM*IB	Std Beta					0.037 NS		0.003 NS	
	t-value					0.922		0.080	
	f^2					0.005		0.000	
IM*EB	Std Beta					0.108***		0.068*	
	t-value					3.341		1.766	
	f^2					0.058		0.021	
R^2		0.368	0.499	0.554	0.498	0.686	0.498	0.719	0.498
Q^2		0.303	0.370	0.456	0.370	0.562	0.370	0.590	0.370

***显著性水平 $p<0.01$,**$p<0.05$,*$p<0.1$,NS 不显著。

如表5-9所示,模型2中,道德推脱的R^2为0.554,说明可持续实践内部障碍、外部障碍、道德性动机、内部障碍与道德性动机的交互项、外部障碍与道德性动机的交互项很好地解释了道德推脱；机会主义行为的R^2为0.498，说明可持续实践内部障碍、外部障碍与道德推脱很好地解释了供应商机会主义行为。道德推脱与供应商机会主义行为的Q^2分别为0.456与0.370，均大于0，说明模型2有着良好的预测相关性。

如表5-9所示，模型3中，道德推脱的R^2为0.686，说明可持续实践内部障碍、外部障碍、工具性动机、内部障碍与工具性动机的交互项、外部障碍与工具性动机的交互项很好地解释了道德推脱；机会主义行为的R^2为0.498，说明可持续实践内部障碍、外部障碍与道德推脱很好地解释了供应商机会主义行为。道德推脱与供应商机会主义行为的Q^2分别为0.562与0.370，均大于0，说明模型3有着良好的预测相关性。

如表5-9所示，模型4中，道德推脱的R^2为0.719，说明可持续实践内部障碍、外部障碍、道德性动机、内部障碍与道德性动机的交互项、外部障碍与道德性动机的交互项、工具性动机、内部障碍与工具性动机的交互项、外部障碍与工具性动机的交互项很好地解释了道德推脱；机会主义行为的R^2为0.498，说明可持续实践内部障碍、外部障碍与道德推脱很好地解释了供应商机会主义行为。道德推脱与供应商机会主义行为的Q^2分别为0.590与0.370，均大于0，说明模型3有着良好的预测相关性。

因此，本研究的结构模型1、模型2、模型3与模型4均较为稳健。经比较，模型4的R^2与Q^2均大于其他三个模型，解释性最好。

（二）直接效应检验

由表5-8可见，可持续实践外部障碍显著正向影响供应商机会主义行为（$\beta=0.134, t=2.420, f^2=0.025$），但是可持续实践内部障碍与供应商机会主义行为之间的关系不显著（$\beta=0.067, t=1.527, f^2=0.007$）。因此，假设H1a没有得到验证，假设H1b得到验证。说明内部障碍不会直接导致供应商机会主义行为，而外部障碍会直接导致供应商机会主义行为。可持续实践内部障碍显著正向影响道德推脱水平（$\beta=0.287, t=5.35, f^2=0.116$），可持续实践外部障碍显著正向影响道德推脱水平（$\beta=0.449, t=8.934, f^2=0.284$），因此假设H2a与假设H2b得到验证。道德推脱显著正向影响供应商机会主义行为（$\beta=0.592, t=11.676, f^2=0.441$），因此假设H3得到验证。比较路径系数与$f^2$值可知，可持续实践外部障碍对道德推脱供应商机会主义行为的影响程度要大于内部障碍。

（三）道德推脱的中介效应检验

Bootstrapping方法检验中介效应，不需要分布假设，不依赖标准误，是目前比较理想的中介效应检验方法。本研究采用非参数Bootstrapping方法（抽样5000次）检验中介效应（Hair et al., 2014）。当自变量和因变量之间的间接关系显著时，则存在中介效应。如表5-8所示，道德推脱对可持续实践内部障碍与供应商机会主义行为之间关系的中介效应显著（$\beta = 0.170$，$t = 5.110$）；道德推脱对可持续实践外部障碍与供应商机会主义行为之间关系的中介效应显著（$\beta = 0.265$，$t = 6.843$）。因此，假设H4a与H4b得到验证。

（四）可持续动机的调节效应分析

采用SmartPLS的调节效应选项检验假设H5与H6，结果如表5-8所示。表5-9中，道德性动机与工具性动机的调节效应通过其与内部障碍与外部障碍的乘积项的显著性来检验。模型2中加入了道德性动机及其与内部障碍与外部障碍的交叉项。表5-9中第五与第六列显示，道德性动机与内部障碍的乘积项对道德推脱的负向影响显著（$\beta = -0.112$，$t = 2.696$）；道德性动机与外部障碍的乘积项对道德推脱的负向影响显著（$\beta = -0.141$，$t = 3.199$）。这表明道德性动机能够弱化内外部障碍对道德推脱的影响，假设H5a与H5b得到验证。

模型3中加入了工具性动机及其与内部障碍与外部障碍的交叉项。表5-9中第七与第八列显示，工具性动机与内部障碍的乘积项对道德推脱的影响不显著（$\beta = 0.037$，$t = 0.922$）；工具性动机与外部障碍的乘积项对道德推脱的正向影响显著（$\beta = 0.108$，$t = 3.341$）。这表明工具性动机会强化外部障碍对道德推脱的影响，假设H6b得到验证，H6a被拒绝。

模型4中同时加入了道德性动机、工具性动机及其与内部障碍与外部障碍的交叉项。如表5-9最后两列所示，道德性动机对道德推脱的直接负向影响显著（$\beta = -0.153$，$t = 4.021$）；工具性动机对道德推脱的直接正向影响显著（$\beta = 0.473$，$t = 10.835$）；道德性动机与内部障碍的乘积项对道德推脱的负向影响显著（$\beta = -0.073$，$t = 1.745$）；道德性动机与外部障碍的乘积项对道德推脱的负向影响显著（$\beta = -0.081$，$t = 1.968$）；工具性动机与内部障碍的乘积项对道德推脱的影响不显著（$\beta = 0.003$，$t = 0.080$）；工具性动机与外部障碍的乘积项对道德推脱的正向影响显著（$\beta = 0.068$，$t = 1.766$）。模型4的结果说明：道德性动机不仅会直接抑制道德推脱，而且会负向调节内、外部障碍与道德推脱之间的关系；工具性动机会直接激发道德推脱，而且会正向调节外部障碍与道德推脱之间的关系。

（五）分组比较分析

不同可持续动机驱动下,可持续实践内部与外部障碍对道德推脱的影响程度及其对供应商机会主义行为影响程度是否存在差异？为了回答这一问题,我们用SPSS软件,依据道德性动机与工具性动机对样本进行聚类分析,把样本分成三类（如表5-10所示）:第一类是高道德性、低工具性动机（$n^{(1)}=82$）;第二类是低道德性、高工具性动机（$n^{(2)}=123$）;第三类是中道德性、中工具性动机（$n^{(3)}=98$）。

表5-10 聚类分析结果

	高 MM＋低 IM 第一组($n=82$)	低 MM＋高 IM 第二组($n=123$)	中 MM＋中 IM 第三组($n=98$)
IM1	2.219	4.106	2.357
IM2	2.244	4.301	2.235
IM3	2.085	4.341	2.255
IM4	2.195	4.268	2.163
IM5	2.207	4.423	2.184
IM6	2.098	4.228	2.102
MM1	4.402	2.504	2.480
MM2	4.366	2.528	2.582
MM3	4.305	2.406	2.480
MM4	4.256	2.480	2.480

根据聚类分析的结果,我们选择高道德性动机组（第一组）与高工具性动机组（第二组）进行PLS-SEM多组分析（PLS-MGA）,结果如表5-11所示。高道德性动机组1中,可持续实践外部障碍对道德推脱影响以及可持续实践外部障碍对供应商机会主义行为的直接、间接及总影响均不显著,说明在高水平道德性动机的驱动下,即使面临可持续实践外部障碍,供应商也不会从事机会主义行为,也不会启用道德推脱。高道德性动机组1中,尽管可持续实践内部障碍对道德推脱影响以及可持续实践内部障碍对供应商机会主义行为的间接仍然显著,但影响程度明显降低,说明高水平道德性动机可以弱化内部障碍对道德推脱及机会主义行为的影响。

在高工具性动机组2中,原本不显著的内部障碍与机会主义行为之间的关系变得显著,而且所有的路径系数变大,说明工具性动机的驱动下,可持续实践内外部障碍更易导致供应商从事机会主义行为,更易激发供应商启用道德推脱为机会主义行为辩护。

表5-11 供应商机会主义行为模型多组分析

		第一组:高MM		第二组:高IM		第一组 vs 第二组		
		$b^{(1)}$	$se(b^{(1)})$	$b^{(2)}$	$se(b^{(2)})$	$|b^{(2)}-b^{(1)}|$	t Value	P Value
IB→MD		0.210*	0.111	0.315***	0.063	0.105	0.891	0.374
EB→MD		0.116^{NS}	0.230	0.574***	0.064	0.457	2.262	0.025
MD→OB		0.527***	0.086	0.424***	0.111	0.103	0.677	0.499
IB→OB	direct	0.064^{NS}	0.119	0.173***	0.067	0.109	0.866	0.387
	indirect	0.111*	0.062	0.134***	0.043	0.023	0.318	0.751
	total	0.175^{NS}	0.129	0.307***	0.061	0.132	1.034	0.302
EB→OB	direct	−0.020^{NS}	0.157	0.250**	0.108	0.270	1.477	0.141
	indirect	0.061^{NS}	0.124	0.243***	0.071	0.182	1.377	0.170
	total	0.041^{NS}	0.218	0.493***	0.072	0.452	2.287	0.023

注:$b^{(1)}$与$b^{(2)}$组1和组2的路径系数;$se(b^{(1)})$与$se(b^{(2)})$分别是$b^{(1)}$与$b^{(2)}$的标准误;*** 显著性水平$p\leqslant 0.01$;** 显著性水平$p\leqslant 0.05$;* 显著性水平$p\leqslant 0.10$。

第五节 实证分析结果讨论

一、研究发现

本研究构建了有调节的中介效应模型,研究可持续动机、可持续实践障碍如何通过道德推脱的中介交互性地引发供应商机会主义行为。

(1)可持续实践外部障碍比可持续实践内部障碍更易导致供应商机会主义行为。研究结果表明可持续障碍不仅会直接导致供应商机会主义行为,还会通过道德推脱的中介间接导致供应商机会主义行为:可持续实践外部障碍直接导致供应商机会主义行为(0.134),但是可持续实践内部障碍不会直接导致供应商机会主义行为;可持续实践外部障碍通过道德推脱对供应商机会主义行为的间接影响(0.265)大于可持续实践内部障碍通过道德推脱对供应商机会主义行为的间接影响(0.170)。由此可见,可持续实践外部障碍不仅直接导致供应商机会主义行为,而且通过道德推脱间接引发供应商机会主义行为,但是可持续实践内部障碍只能通过道德推脱才能引发供应商机会主义行为。总之,可持续实践外部障碍(0.134+0.265=0.399)比可持续实践内部障碍(0.170)更易导致供应商机会主义行为。

(2) 可持续实践障碍对供应商机会主义的直接效应远远小于通过道德推脱中介后的间接效应。只有可持续实践外部障碍才会直接导致供应商机会主义行为,而在道德推脱的中介下,可持续实践内部与外部障碍均会引发机会主义行为。总之,可持续实践障碍对供应商机会主义行为的直接效应(0.134)远远小于通过道德推脱中介后的间接效应(0.265+0.170=0.435)。

(3) 道德性动机会抑制道德推脱机制,而工具性动机会强化道德推脱机制。道德性动机不仅直接负向影响道德推脱(−0.153),而且负向调节内部障碍与道德推脱之间的关系(−0.073)、负向调节外部障碍与道德推脱之间的关系(−0.081)。工具性动机不仅直接正向影响道德推脱(0.473),而且正向调节外部障碍与道德推脱之间的关系(0.068)。因此,道德性动机会抑制道德推脱的中介作用的发生,而工具性动机会强化道德推脱的中介效应。

二、理论贡献

本章研究通过探索可持续实践障碍和动机如何通过道德推脱影响供应商机会主义行为,解析了供应商机会主义行为的发生机制,有几个理论贡献:

(1) 本章研究拓展了SSCM的研究视角。以供应商可持续实践中遇到的障碍为切入点,阐明障碍和动机如何相互作用并通过道德推脱来影响供应商机会主义行为。早期关于可持续障碍的研究主要集中在识别供应链主导企业或发达国家核心买家所面临的可持续性障碍。近年来,SSCM中关于可持续发展障碍和动机的研究越来越多,已经有文献开始探讨供应商在全球知名品牌的压力下从事可持续实践的动机(Chen and Chen, 2019),但还没有文献从供应商的角度同时研究这两个关键变量的相互作用。本章基于303家供应商的样本,把现有SSCM文献的研究视角从核心买家的视角拓展到供应商视角。

(2) 本章研究拓展了道德推脱机制的适用情境。我们将道德推脱的研究从传统的组织内情境拓展到组织间情境,探讨道德推脱机制如何在可持续性实践障碍诱发供应商机会主义行为的过程中发挥中介作用。研究结果表明,面临可持续实践障碍,供应商用道德推脱机制来为自己的机会主义行为开脱。与先前在不同背景下的研究结论一致(Zheng et al., 2019),我们发现道德推脱能很好解释供应链中的不道德行为。

(3) 本章研究揭示了道德推脱机制中的调节变量。可持续实践障碍会诱发供应商采用道德推脱机制来为机会主义行为开脱,而可持续实践动机会干扰这一过程。本章调查研究结果表明道德性与工具性动机会影响道德推脱机制发挥作用:道德性动机能抑制道德推脱发挥作用,进而克制机会主义行为；工具性动机却会强化道德推脱的作用，从而加剧了供应商机会主义。本章研究开启了道德推脱干扰因素的探索之路。

（4）本章研究探索了可持续供应链管理这一特定场景中的机会主义行为。现有关于机会主义行为的研究大多关注个体行为，本章研究探索了商业伦理中供应商的机会主义行为，把机会主义行为的研究拓展到组织层面。

三、管理实践启示

供应商机会主义行为一直是可持续供应链管理的难点。本章研究结论能为可持续供应链管理提供一些启示。

（1）本章研究结果表明，可持续实践障碍确实会引发机会主义供应商行为。因此，供应链主导企业需要评估供应商可持续实践中可能会遇到各种内部与外部障碍。由于外部障碍对道德推脱和供应商机会主义行为的影响比内部障碍大得多，我们建议主导企业在管理供应商时要更多地关注外部障碍。例如，激烈的竞争环境与低利润等外部障碍会比员工缺乏可持续意识更容易通过道德推脱诱发机会主义行为。为了有效阻止供应商机会主义行为，主导企业需要给予供应商更公平的利润空间与经营环境。

（2）本章研究结果表明可持续实践障碍需要通过道德推脱的中介才会诱发供应商机会主义行为。也就是说，可持续实践障碍并不一定会诱发供应商机会主义行为，只有在道德推脱激活时才会导致机会主义行为。因此，供应链主导企业如果能够阻断道德推脱的作用机制，则能有效阻止供应商机会主义行为。

（3）本章研究结果表明道德性动机和工具性动机对道德推脱机制起到相反的调节作用。因此，对于供应链主导企业来说，解读供应商真正的可持续发展动机是减少供应商机会主义行为的关键一步。在可能的情况下，供应链主导企业在选择供应商时可以提前关注供应商的可持续实践动机，主动选择道德性动机高的供应商。对于工具性动机高的供应商，要特别关注，需要采取措施及时阻断道德推脱机制，预防可持续实践障碍诱发供应商机会主义行为。

第六节　本章小结

（一）创新之处

现有可持续供应链管理研究重点关注主导企业如何通过可持续监管来驱动供应商可持续遵守,鲜有研究关注供应商可能会采用机会主义行为应付主导企业的可持续监管。本章研究挖掘供应商机会主义行为的发生机制,试图找出阻断机会主义行为发生作用的办法。

（二）结论

本章基于281份问卷调查的数据分析了可持续实践障碍如何通过道德推脱诱发机会主义行为以及可持续动机如何调节这一过程,研究发现如下:

（1）直接效应分析表明可持续实践外部障碍会直接导致供应商机会主义行为,而内部障碍不会直接诱发机会主义行为。

（2）中介效应分析表明内部障碍与外部障碍均会通过道德推脱诱发机会主义行为,且外部障碍通过道德推脱的中介对供应商机会主义行为的间接影响要大于内部障碍的间接效应。

（3）调节效应分析表明道德性动机不仅会直接抑制道德推脱,而且会负向调节内、外部障碍与道德推脱之间的关系,工具性动机会直接激发道德推脱,而且会正向调节外部障碍与道德推脱之间的关系。

（4）分组比较分析表明高道德性动机组中,可持续实践外部障碍既不会诱发道德推脱也不会诱发供应商机会主义行为,可持续实践内部障碍通过道德推脱的中介对机会主义行为的影响程度也非常小。但是,在高工具性动机组中,可持续实践内外部障碍更易导致供应商从事机会主义行为,更易激发供应商启用道德推脱为机会主义行为辩护。

（三）管理启示

据此,我们可以得出以下两点管理启示:第一,当供应商面临可持续实践障碍时,需要阻断道德推脱机制发生作用才能阻止供应商机会主义行为;第二,为阻止道德推脱发生作用,需要激发供应商的道德性动机。

第六章 供应链关系不对等与供应商可持续绩效

第六章(模块五)将从主观与客观两个角度探讨供应链关系不对等这一特征如何影响供应商可持续绩效。客观上,主导企业与供应商在供应链关系中所处的地位不同;主观上,主导企业也会利用这种不对等关系,使用权力来推动可持续供应商管理。本章将在分析供应链不对等关系的基础上研究以下两个问题。

(1)主观上,主导企业的权力使用如何影响供应商的公正性感知,进而影响供应商可持续管理的效果?

图6-1 主导企业权力使用如何影响供应商

(2)客观上,供应链地位如何影响双方工序贸易公正性,进而影响供应商可持续绩效?

图6-2 供应链地位如何影响供应商

第一节 供应链关系不对等:权力

一、权力的来源与分类

权力是一方影响另一方的能力。在供应链管理文献中,权力与买方和卖方之间的关系相关,是买方影响或控制供应商的决策与行为的能力

(Narasimhan et al., 2009)。弗伦奇和雷文(1959)认为权力来源于一个企业对另一个企业奖赏能力、惩罚能力、法律赋予的权力以及专业知识的认可度。在组织间关系的研究中,权力也被称为"影响策略"(Frazier and Summers, 1986),是渠道成员影响同一渠道中其他渠道成员在制定市场战略相关决策中的能力,是企业影响其他成员决策或者蓄意改变其行为的能力,一个渠道成员影响另一个渠道成员做出有利于自己利益的行为的能力。在供应链关系的研究中,权力是一个企业在意图和行为上影响另一个企业的能力(Maloni and Benton, 2000),是企业影响和控制供应链成员的能力(Handley and Benton, 2012)。由此可见,在组织间研究层面,强调权力在使用过程中影响其他合作成员的能力。

学术界一般遵循弗伦奇和雷文(1959)的研究,把权力分为奖励权力、强制权力、专家权力、法定权力与参照权力,雷文和克鲁格兰斯基(1970)则加入了信息权力。如表6-1所示,强制权力能够拒绝或剥夺他人期望的某些需求,或迫使他人做与自己本意相矛盾的事情;奖励权力能够给予他人期望的某些需求,使之感到愉快;法定权力是由组织正式授予的职务和地位带来的权力,它依靠其他人内在的观念起作用,需要其他人承认这种权力的合法性而接受它;参照权力由其他渴望认同和追随品德高尚或智谋超群的人而给后者带来的权力;专家权力是由于具有某种专门的知识和技能可以帮助他人而形成的权力。

表6-1 权力来源及可持续供应链管理实例

权力来源	权力的使用	可持续供应链管理实例
强制权力	权力持有方通过惩罚或威胁迫使对方达到标准或要求	如果供应商达不到可持续标准,主导企业就会减少订单
奖励权力	权力持有方通过奖励激励对方遵守规定	如果供应商遵守可持续准则,主导企业就会增加订单或提高价格
法定权力	权力持有方基于地位或法规能够要求对方按照自己的要求行事	主导企业要求供应商遵守国际组织或当地政府颁布的可持续相关准则
参照权力	因为领头地位,对方愿意追随	因为主导企业领先地位,供应商愿意参照它的可持续实践做法
专家权力	因为拥有专有知识,能够带领对方	主导企业是可持续实践先锋,供应商愿意追随
信息权力	基于拥有的信息说服对方	主导企业具备可持续发展相关信息,可以说服供应商采用可持续行为

不同研究背景的学者按照不同的标准对这六种权力进行了不同的分类:强制性与非强制性权力(Frazier and Summers, 1986)、协调性与非协调性权力(Maloni and Benton, 2000)、经济性与非经济性权力(Lusch and Brown, 1982)、培养式与命令式权力(Johnson, Sakano and Onzo, 1993),如表6-2所示。

表6-2 权力的分类

划分方式			划分依据	文　献
强制	VS	非强制	是否涉及潜在惩罚	Frazier and Summers, 1986
强制权力 法定权力		奖励权力 专家权力 参照权力 信息权力		
协调	VS	非协调	是否需要协调	Maloni and Benton, 2000
强制权力 法定权力 奖励权力		专家权力 参照权力 信息权力		
经济	VS	非经济	是否涉及经济资源 是否存在经济激励	Lusch and Brown, 1982
强制权力 奖励权力		法定权力 专家权力 参照权力 信息权力		
培养式	VS	命令式	是否需要培养	Johnson, Sakano and Onzo, 1993
强制权力 参照权力 法定权力		奖励权力 专家权力 信息权力		

虽然不同背景的学者采用了不同的分类,但这些分类没有本质的区别,其中又以强制性与非强制性的分法最为普遍。其中,强制性权力是供应链上一方企业迫使另一方企业不得不按照自己意愿改变行为的能力,由强制权力、法定权力组成;非强制性权力是供应链上一方企业为另一方企业提供特定支持而使其自愿附和该企业意愿的能力,由参照权力、奖励权力、专家权力和信息权力组成(Frazier and Summers, 1986)。本研究采用强制性与非强制性的分类方法,研究主导企业权力对可持续供应链管理的影响。

二、权力在可持续供应链管理中的使用

权力可以使买方具备对供应商社会责任行为施加影响的能力。近几年的研究进一步表明权力是影响可持续供应链管理的一个重要变量(Locke et al., 2013; Hoejmose, Grosvold and Millington, 2013),具有权力的买方更有可能实施可持续供应链管理(Cilibert et al., 2009),权力不对等在某种程度上影响可持续供应链管理的有效性(Boyd et al., 2007; Touboulic et al., 2014)。

权力是一方影响另一方的能力,常被企业用来对合作伙伴施用影响策略以促成期望行为(Maloni and Benton, 2000; Ireland and Webb, 2007)。在供应链管理中,买方也常常运用权力来影响供应商的决策与行为。通常,发达国家的知名企业因控制着产品设计、渠道、品牌等,处在全球价值链的主导位置,它们是供应链的主导企业。供应链主导企业因为拥有权力,可以对供应商施加影响,要求其采用可持续准则。因此,我们认为主导企业权力有助于其实施可持续供应商管理。本章分析主导企业权力对可持续供应商管理的直接作用。需要指出的是,权力是多维度的,本章将把主导企业权力分成强制性权力与非强制性权力,比较研究两类权力对可持续供应商管理的直接影响。

三、权力对供应链管理关系质量的影响

国内外学者基于不同的理论基础、从不同的视角对企业间关系质量进行了解释,并基于不同的研究背景对企业间关系质量的维度进行了界定,具体涉及沟通、合作、适应、信任、依赖、承诺、氛围、服务质量。权力与供应链关系质量之间的关系也是学者们关注的焦点。权力是经营组织间关系的一种方式(Frazier and Rody, 1991),对供应链关系质量有着显著的影响。一些研究认为权力不对等会对组织关系产生负面影响,降低组织关系的稳定性与信任程度。另一些学者则区分了强制性与非强制性权力的影响,认为非强制性权力对供应链关系质量具有正面的影响,而强制性权力对供应链关系质量具有负面的影响(Maloni and Benton, 2000; Ireland, 2007)。

权力与可持续供应链管理研究的启示:第一,权力是主导企业推行可持续供应链管理的一个重要的前因变量,也是影响可持续供应链管理绩效的主要因素之一;第二,现有研究强调了权力在可持续供应链管理中的正面作用,忽略了其负面影响;第三,供应链关系质量可能是权力对可持续供应链管理产生负面影响的中介变量。因此,要全面解析权力对可持续供应链管

理的影响机制,不仅需要考虑权力的直接作用,还要考虑权力如何通过影响供应链关系质量进而影响可持续供应链管理的中介过程。

第二节 权力使用、公平感知对可持续供应商管理效果的调节

供应链中,主导企业拥有市场、品牌或技术优势等,在供应链中具有一定的话语权;供应商通常分散在世界各国,依据主导企业的订单加工制造,在供应链中处于接受方。主导企业主观上会利用双方关系的不对等,使用奖励性与强制性两种权力,对供应商进行管理。本节将分析主导企业的权力使用如何影响供应商主观的公平感知,进而影响主导企业推行可持续供应商管理的效果。

一、概念模型与研究假设

(一)可持续供应商管理中权力的作用研究概念模型

主导企业在推进可持续供应商管理的过程中离不开权力的使用。权力的使用能否提升主导企业推行可持续供应商管理的效果?不同的权力效果是否有差异?为何有差异?为了回答这些问题,本节构建如图6-3所示的概念模型,分析权力如何通过公平感知影响可持续供应商的效果。本节把权力分成强制性权力与奖励性权力,主导企业使用不同的权力,供应商感知的公平性不同,主导企业可持续供应商管理的效果也会不同。如图6-3所示,权力通过两个途径影响主导企业可持续供应商管理的效果:① 权力通过影响主导企业推行可持续供应商管理进而影响供应商可持续绩效;② 权力的使用通过影响供应商的公平感知进而调节主导企业推行可持续供应商管理的效果。

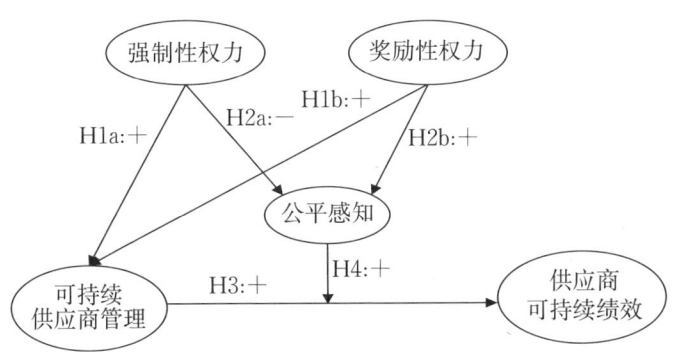

图6-3 可持续供应商管理中权力的作用概念模型

(二) 权力的使用与可持续供应商管理

面临不断升级的利益相关者压力,供应链主导企业需要为整个供应链的可持续问题承担责任,即使是上游供应商的不当行为,主导企业也要负责(Schmidt et al., 2017; Ehrgott et al., 2013)。因此,主导企业会采用多种可持续供应商管理措施,向供应商推行可持续准则,以确保整条供应链的可持续发展(Huq and Stevenson, 2020)。本节旨在分析权力的使用如何影响主导企业推行可持续供应商管理的效果,因此为了明确研究问题,本节中不区分可持续供应商管理措施的类型,把可持续供应商管理界定为主导企业推动供应商达到可持续要求或致力于帮助供应商提升可持续绩效的所有措施:① 依据既定的指导方针和程序,通过正式的评估、监控和审计,确保供应商的可持续绩效;② 为供应商的员工提供可持续相关技术培训与教育;③ 与供应商合作帮助供应商提升可持续绩效(Jia et al., 2018; Ehrgott et al., 2013)。这样的概念操作化界定融合了监管与合作型两类可持续供应商管理措施(Yawar and Seuring, 2017; Sancha, et al., 2016)。主导企业往往同时使用两类措施来推动供应商管理,通常的做法是先采用可持续监管措施对供应商进行可持续评估并监管,随后与供应商合作帮助其提升可持续实践能力(Jia et al., 2018)。

当主导企业推行可持续供应商管理时,供应商会认为可持续实践减少了主导企业的责任,但是提高了供应商的成本,因此供应商对待可持续实践的态度与主导企业不同(Normann et al., 2017)。具体来说,供应商可能只会象征性地虚假遵守主导企业推行的可持续准则,并不会真正致力于可持续实践,造成主导企业的可持续倡议无法生效(Chen and Chen, 2019)。

为了确保可持续管理措施的有效性,主导企业会利用供应链关系的不对等,使用权力来推动可持续供应商管理,以期达到应有的效果(Clarke and Boersma, 2017; Chae et al., 2017)。权力基础主要有强制权力、奖励权力、法定权力、参照权力与专家权力五种(French and Raven, 1959)。其中,强制权力与奖励权力需要权力持有方有意识的推行,也称为调节性权力(mediated power);而法定权力、参照权力与专家权力被归为非调节性权力(non-mediated power),这些权力是否有效取决于权力接受方内在的动机,通常不需要权力持有方的推行(Brown et al., 1996; Chae et al., 2017)。现有的供应链管理相关研究大多也是采用调节性与非调节性的分类方法(Huo et al., 2019)。

主导企业可以使用强制权力与奖励权力推行可持续供应商管理

(Touboulic et al., 2014)。现有研究已经表明强制权力与奖励权力在供应链管理管理中的不同效果(Nyaga et al., 2013; Pulles et al., 2014; Chae et al, 2017)。强制权力在于主导企业能够惩罚那些不遵守协定的供应商,而奖励权力源于如果合作伙伴遵守主导企业的规定,主导企业可以给予正向溢价(Habib et al., 2015)。强制权力通过威胁与惩罚施加影响,主导企业经常依赖强制权力要求供应商改变行为(Clarke and Boersma, 2017)。当主导企业使用强制权力来推行可持续供应商管理,会把那些不遵守规定的供应商加入黑名单,威胁他们减少订单或终止合作关系,以此迫使供应商达到可持续要求(Jia et al., 2018; Touboulic et al., 2014)。当主导企业使用奖励权力推进可持续供应商管理时,积极的正反馈会激励供应商完全致力于可持续实践,而不只是遵守最低标准(Chae et al., 2017)。当主导企业使用奖励权力,对供应商来说,可以预期的奖励足以激励其按照主导企业的期望承诺可持续实践(Nyaga et al., 2013)。因此,强制权力与奖励权力都可以用来推行可持续供应商管理。据此,提出以下假设:

H1a 主导企业使用强制权力有助于推进可持续供应商管理。

H1b 主导企业使用奖励权力有助于推进可持续供应商管理。

(三) 权力的使用与公正感知

强制权力与奖励权力都可以被主导企业用来推行可持续供应商管理(Touboulic et al., 2014)。但是,现有研究也指出,主导企业为了长期的合作关系需要谨慎地使用权力(Reimann and Ketchen, 2017)。因为权力的使用不仅会迫使对方达到自己的要求,也可能会影响对方的公正性感知(Pulles et al., 2014)及对双方关系的承诺(Chae et al., 2017; Nyaga et al., 2013)。而且,现有研究也发现,供应商感知到的来自买方的公正性也可以替代传统机制,成为主导企业推动可持续供应商管理的另类机制(Alghababsheh et al., 2020)。公正是指某一行为、结果或环境与某种伦理范式或哲学体系相一致的程度。当主导企业使用权力推行可持续供应商管理时,也可能会影响供应商的公平感(Reimann and Ketchen, 2017)。

公平感知涉及程序公平、分配公平与互动公平三个维度(Hsueh, 2014; Luo, 2007)。可持续供应商管理中,程序公平是指对主导企业如何推行可持续供应商管理的公平感知。当主导企业采用强制权力,惩罚那些没有遵守可持续准则的供应商,供应商会觉得这种管理程序偏向主导企业,因而降低了供应商的程序公平感(Hoppner et al., 2014)。相反,当主导企业使用奖励权力时,供应商认为他们的利益得到了充分考虑,会觉得这样的管理程序是公正的。

可持续供应商管理中,分配公平关注可持续投入和收益是否在主导企业与供应商之间合理的分配(Brito and Miguel, 2017)。有研究指出很多供应商认为可持续供应链管理虽然减少了主导企业的责任,但这是以供应商额外的成本为代价的。相反,当主导企业采用增加业务激励供应商可持续实践行为时(Porteous et al., 2015),供应商认为这样的商业条款很公平,因此奖励性权力会增加供应商的分配公平感知。

可持续供应商管理中,互动公平关注主导企业推行可持续供应商管理过程中信息的沟通及人际关系处理方式(Brito and Miguel, 2017)。如果主导企业公开、坦诚地与供应商分享可持续信息,则会增强供应商的互动公平感知(Narasimhan et al., 2013)。如果主导企业充分解释可持续程序及对供应商的期望,及时交流细节问题,将会提高沟通的质量,进而促进供应商的互动公平感知(Ganegoda and Folger, 2015)。如果供应商采用奖励权力,供应商会认为自己受到尊重、得到了帮助,则会提供互动公平感知(Alghababsheh et al, 2020)。相反,如果主导企业强劲地迫使供应商遵守可持续准则,供应商会感到不受尊重、不公平(Hoppner et al., 2014)。

此外,行为经济学学者指出,很多时候,我们的决策是自动的、快速的,因而决策的框架影响决策,公平感知也会随决策环境的不同而不同(Ganegoda and Folger, 2015)。在可持续供应商管理的过程中,也存在框架效应。对供应商来说,惩罚是一种损失,当主导企业采用奖励权力时,供应商会认为奖励是收益,公平感会增加;当主导企业采用强制权力时,供应商会认为是损失,公平感降低。据此,我们提出以下假设:

H2a 主导企业使用强制权力会降低供应商的公平感知。

H2b 主导企业使用奖励权力会提升供应商的公平感知。

(四)可持续供应商管理与供应商可持续绩效

为了确保供应商的可持续发展,主导企业可以实施多种可持续供应商管理措施。仅依赖供应商自己报告可持续准则的遵守状况不太现实(Jiang, 2009),因而主导企业需要对供应商进行评估与监控(Jia et al., 2018; Gimenez and Tachizawa, 2012)。研究发现,这些基于评估的可持续供应商管理措施能够减少供应商的机会主义行为,从而提高供应商的可持续绩效(Lee and Klassen, 2008)。但是这些监管型措施只能确保供应商遵守可持续准则,更有效的措施才能推动供应商在可持续实践中投入更多(Yawar and Seuring, 2017)。

当主导企业采用合作型可持续供应商管理措施时,会对供应商的员工进行可持续技术培训,或现场指导供应商,或与供应商联合开发可持续相关技术,以此提升供应商的可持续实践能力。这种双方合作型的可持续管理措施能够创建一种供应链外的企业难以模仿的动态可持续实践优势,大幅提升整个供应链的可持续绩效(Beske and Seuring, 2014)。现有研究也证实了供应商可持续监管措施能够促进供应商遵守可持续准则(Jiang, 2009),供应商可持续开发措施能够帮助供应商形成可持续实践能力,提升可持续绩效(Yawar and Seuring, 2017; Sancha, et al., 2016)。

此外,第二章已经比较分析了可持续监管与可持续开发两类措施对供应商可持续绩效三个维度的不同影响。本章主要为了探讨主导企业不同权力使用在可持续供应商管理中效果,因此本章中我们不区分两类措施,也不区分可持续绩效的三个维度。由此,我们假设:

H3 可持续供应商管理有助于提升供应商可持续绩效。

(五)公平感知的调节作用

面对主导企业的可持续管理,供应商选择致力于可持续实践还是采用机会主义行为逃避监管,主要取决于他们的可持续实践意愿和能力。如果供应商感觉主导企业是在利用他们的可持续实践为自己获得利润(Habib et al., 2015),或者供应商没有能力分享可持续实践所带来的利润,他们自然不愿进行可持续投资,也不愿培育可持续实践能力。在供应链关系中,供应商往往是脆弱的一方,通常依赖主导企业的公正对待才能获得应有的利益(Ehrgott et al., 2013),因而十分关注主导企业的公正性。

很多研究关注供应链买方和供应商之间关系的公正性(Lim et al., 2022),公平感知影响供应链多层级参与者之间的关系(Adegboyega et al., 2023)。格里菲思等(2006)指出主导企业的公正性影响对方的态度和行为。公平感知与供应链关系承诺、关系投资等行为显著正相关,而关系承诺、关系投资进一步改善双方关系质量(Brito and Miguel, 2017)。程序公平感、分配公平感或互动公平感的提升有助于改善买卖双方关系(Narasimhan et al., 2013)。公正性可以避免不信任、促进专用性投资、增强沟通,这种相互信任的关系承诺可以减少机会主义行为、提升买卖双方关系质量(Huo et al., 2019)。此外,现有研究也给出警示,如果买方过度使用权力,则可能会引起不公平感、怨恨,并最终导致供应商从供应链关系中脱离出来(Pulles et al., 2014)。当供应商不参与时,SSM的成功就成了问题。一旦供应商把自己脱离出来,主导企业的可持续供应链管理就无法取得应有的效果。

根据行为经济学的研究成果,决策框架影响风险偏好。在收益框架下,决策者是规避风险的,愿意按照规定获得确定的收益;在损失框架下,决策者更愿意赌一把,以避免损失(Ganegoda and Folger, 2015)。当供应商认为主导企业推行可持续供应商管理比较公平时,倾向于规避损失,更愿意进行可持续专用性投资,积累可持续实践能力,进行增强可持续供应商管理的效果。相反,如果供应商认为主导企业的可持续管理不公正,认为主导企业是以牺牲供应商的利益来减少主导企业自身的责任,对供应商则是一种损失(Reimann and Ketchen, 2017)。在损失框架下,供应商更愿意冒风险(Ganegoda and Folger, 2015),会采用机会主义行为来逃避监管(Kahneman, 2011)。此时,主导企业的可持续供应商管理无法取得既定的效果,取而代之的是供应商的虚假遵守、隐瞒信息等机会主义行为。

根据现有文献,公平感知能有效阻止供应商机会主义行为并促进合作。在可持续供应商管理过程中,如果供应商感知到被主导企业公正对待,更愿意为可持续实践投资,更愿意致力于可持续实践(Hsueh, 2014),进而提升可持续供应商管理的效果。据此,提出以下假设:

H4 公平感知正向调节可持续性供应商管理与供应商可持续绩效之间的关系。

二、研究设计

(一)问卷设计与数据收集

本节研究问卷设计过程同第二章。本节研究只采用了邮件送达的问卷数据[①],有效问卷共181份,回收率为23.1%,有效率为20.6%。样本的描述性统计如表6-3所示。本节研究探讨权力、公平感知对可持续供应商管理学效果的调节作用,因此以首席执行官、副总裁、董事、高级经理和销售经理作为受访对象。如表6-3所示,68.5%的被调查者来自于企业高层管理者,余下的31.5%的填答者为销售经理,他们直接与买方打交道。

(二)测量工具

第二章已经比较分析了可持续监管与可持续开发两类措施对供应商可持续绩效三个维度的不同影响。本章主要为了探讨主导企业不同权力使用

---

① 因当面送达的问卷回收稍晚,本节的研究开展相对较早,只采用了较早回收的邮件送达的问卷数据。

在可持续供应商管理中效果,因此本章中我们不区分两类措施,也不区分可持续绩效的三个维度。具体变量测量详见表6-5。

可持续供应商管理(sustainable supplier management, SSM)用以下3个题项测量:① 评估、审计与监控等措施监管供应商的可持续行为;② 为供应商的员工提供可持续技术培训和教育;③ 与供应商合作帮助供应商提升可持续实践能力(Krause et al., 2007)。

权力分为强制权力与奖励权力(Frazier and Summers, 1986)。借鉴布朗(1996)等的研究,强制权力(coercive power, CP)用以下4个题项测量:如果我们不按照主导企业的要求做,① 他们会报复我们;② 会采取行动,我们的利润会减少;③ 可能会取消订单;④ 会让我们的事情变得更困难。奖励权力(reward power, RP)用以下4个题项测量:① 如果我们不按照主导企业的要求去做,我们就不会得到好的待遇;② 如果我们追随主导企业,在其他方面会得到优待;③ 由于达到了主导企业的要求,我们避免了其他供应商面临的困难;④ 主导企业经常奖励我们,让我们遵照他们的意愿。

公平感知从程序公平、分配公平与互动公平三个维度测量。借鉴格里菲思等(2006)、陆亚东(2006)与纳拉辛汉等(2013)等的研究,程序公平(procedural justice, PJ)用以下3个题项测量:① 主导企业公正地对待我们;② 主导企业给我们充分地解释决策标准;③ 主导企业采用统一的标准与我们做交易。分配公平(distributive justice, DJ)用以下3个题项测量:① 我们的收益与付出和投资相一致;② 我们的收益与任务和责任相匹配;③ 我们的收益与绩效成比例。互动公平(Interactional Justice, IJ)用以下3个题项测量:① 主导企业跟我们就关键问题取得一致意见;② 主导企业快速解决分歧;③ 主导企业及时与我们交换信息。

供应商可持续绩效从经济绩效、环境绩效与社会绩效三个维度进行测量。经济绩效(ECP)维度用资产回报率、税前净收入(EBIT)、利润占销售百分比等三个指标测量(Ameer and Othman, 2012);环境绩效(ENP)用减少空气污染、水污染、固体废物排放、减少资源的消耗和有害物质与节约能源等三个指标测量(Paulraj et al., 2017);社会绩效(SP)用改善工作环境、致力于社会公益事业、致力于人力资源开发等三个指标测量(Hsueh, 2014; Perez and Sanchez, 2009)。

对于可持续绩效三个维度,调查对象回答近2~3年各指标反映的绩效是否显著提升,采用李克特5级量表,1表示一点都没有,5表示非常显著。对于其他潜变量,采用李克特5级量表,1表示完全不同意,5表示完全同意。

表6-3 样本描述性统计

分类		频次	百分比(%)
企业规模	小（250员工以下）	52	28.73
	中（250~500员工）	71	39.23
	大（500员工以上）	58	32.04
制造业类型	食品、饮料与烟草(GB/T4754—2011 13~16)	19	10.50
	纺织、服装、皮革(GB/T4754—2011 17~19)	27	14.92
	木材、家具、造纸、印刷、文教体育(GB/T4754—2011 20~24)	35	19.34
	石油、化学、医药、化纤、橡胶塑料(GB/T4754—2011 25~29)	18	9.94
	非金属与金属(GB/T4754—2011 30~33)	17	9.39
	通用、专用、运输设备(GB/T4754—2011 34~37)	34	18.78
	电气、通信、仪器等(GB/T4754—2011 38~40)	26	14.36
	其他(GB/T4754—2011 41~43)	5	2.76
工作职位	总裁	6	3.31
	副总裁	8	4.42
	主管	38	20.99
	高级经理	72	39.78
	销售经理	57	31.49

（三）应答偏差

为了检查本研究可能存在的应答偏差，采用方差分析比较早期回答者（102份）与后期回答者（79份）是否存在显著差异。方差分析结果显示先后收集的样本企业的行业类型（$t=0.609$，$p=0.543$）、企业规模（$t=0.389$，$p=0.698$）与企业性质（$t=0.465$，$p=0.642$）在5%的置信区间水平上不存在显著的差异。

表6-4 共同方法偏差检验结果

成分	初始特征值			提取载荷平方和			旋转载荷平方和		
	总计	方差(%)	累积(%)	总计	方差(%)	累积(%)	总计	方差(%)	累积(%)
1	9.237	31.851	31.851	9.237	31.851	31.851	4.287	14.783	14.783
2	4.850	16.725	48.576	4.850	16.725	48.576	3.866	13.331	28.114
3	1.661	5.729	54.305	1.661	5.729	54.305	3.805	13.122	41.236
4	1.513	5.219	59.524	1.513	5.219	59.524	2.650	9.138	50.373

续表

成分	初始特征值			提取载荷平方和			旋转载荷平方和		
	总计	方差(%)	累积(%)	总计	方差(%)	累积(%)	总计	方差(%)	累积(%)
5	1.343	4.633	64.156	1.343	4.633	64.156	2.631	9.074	59.447
6	1.201	4.142	68.298	1.201	4.142	68.298	2.567	8.851	68.298
7	0.924	3.186	71.484						
8	0.838	2.890	74.374						
9	0.739	2.549	76.923						
10	0.599	2.066	78.989						
11	0.589	2.030	81.019						
12	0.503	1.735	82.754						
13	0.439	1.513	84.268						
14	0.436	1.502	85.770						
15	0.402	1.388	87.157						
16	0.381	1.315	88.473						
17	0.363	1.253	89.725						
18	0.335	1.157	90.882						
19	0.320	1.104	91.986						
20	0.303	1.044	93.030						
21	0.298	1.027	94.057						
22	0.289	0.998	95.055						
23	0.282	0.971	96.025						
24	0.249	0.857	96.883						
25	0.214	0.738	97.620						
26	0.201	0.693	98.314						
27	0.175	0.605	98.919						
28	0.162	0.559	99.477						
29	0.152	0.523	100.000						

(四)共同方法偏差

由于数据的收集采用调查问卷的方式,受访者容易受到社会期望的影响,产生共同方法偏差。一般采用过程控制和统计控制两种方法来检验是否存在共同方法偏差。本研究在量表设计过程中尽量避免歧义,采用逆向编码与随机编排,发放问卷时也尽量确保受访者的匿名性和保密性,在过程控制环节最大限度的避免了共同方法偏差的产生。统计控制采用哈曼的单因素检验法,探索性因子分析结果如表6-4所示。从表6-4可以看出,共有6个因子的特征值均大于1,其中第一个因子的方差解释度为14.78%,满足不大于40%的检验要求。基于以上分析,本研究数据没有明显的共同方法偏差。

三、数据分析与模型检验

本研究探索主导企业权力使用、供应商公平感知如何影响主导企业推行可持续供应商管理的效果,共包括9个潜变量,32个测量题项,选择偏最小二乘结构方程模型(PLS-SEM),运用Smartpls 3.0软件,验证理论假设,是因为本研究测量题项相对较多,供应商可持续绩效信息相对敏感,研究样本数量相对较少。PLS-SEM不同于基于协方差的结构方程模型(CB-SEM),是一种基于主成分的分析方法,因此,PLS-SEM在样本数量偏少时仍能保持稳健的结果,实现最大化的预测效力,能够检验较为复杂的模型。此外,本研究的概念模型中涉及调节变量,选用SmartPLS可以很清晰地分析调节效应。

(一)测量模型

测量模型的信度与效度用量表信度、聚合效度与区分效度来检验。测量模型的信度用项目载荷与Cronbach's α系数来评价,一般项目载荷超过0.7,表明较好的信度,克隆巴赫系数的值介于0和1之间,其值越接近于1,表示测试的信度越高,一般超过0.7则表示量表的信度可靠。由表6-5可见,9个一阶因子的因子载荷均大于0.7,克隆巴赫α系数均大于0.7,说明本问卷具有较好的测量信度。对于高阶因子,因子载荷是二阶因子和一阶因子之间的路径系数。如表6-6所示,所有二阶因子与一阶因子之间的路径系数均大于0.7。

表6-5 权力如何影响可持续供应商管理效果的研究测量模型(一阶因子)

潜变量/题项 (克隆巴赫系数α,组合信度CR,平均方差提取度AVE)	因子载荷	均值	标准差
强制权力($\alpha = 0.850$; $CR = 0.899$; $AVE = 0.690$)如果我们不按照主导企业的要求做,他们		3.161	
会报复我们	0.812	3.199	1.276
会采用行动,我们的利润会减少	0.852	3.138	1.174

续表

潜变量/题项 （克隆巴赫系数 α, 组合信度 CR, 平均方差提取度 AVE）	因子载荷	均值	标准差
可能会取消订单	0.851	3.083	1.346
会让我们的事情变得更困难	0.806	3.232	1.271
奖励权力 ($\alpha = 0.832; CR = 0.888; AVE = 0.665$)		2.937	
如果我们不按照主导企业的要求去做，我们就不会得到好的待遇	0.838	2.768	1.297
如果我们追随主导企业，在其他方面会得到优待	0.815	2.994	1.328
由于达到了主导企业的要求，我们避免了其他供应商面临的困难	0.794	3.083	1.024
主导企业经常奖励我们，让我们遵照他们的意愿	0.814	2.890	1.471
程序公平 ($\alpha = 0.848; CR = 0.908; AVE = 0.767$)		2.354	
主导企业公正地对待我们	0.866	2.099	1.288
主导企业给我们充分地解释决策标准	0.906	2.547	1.306
主导企业采用统一的标准与我们做交易	0.854	2.403	1.378
分配公平 ($\alpha = 0.866; CR = 0.918; AVE = 0.789$)		2.736	
我们的收益与付出和投资相一致	0.892	2.608	1.444
我们的收益与任务和责任相匹配	0.911	2.856	1.411
我们的收益与绩效成比例	0.861	2.735	1.436
互动公平 ($\alpha = 0.851; CR = 0.910; AVE = 0.771$)		2.806	
主导企业跟我们就关键问题取得一致意见	0.872	2.740	1.521
主导企业快速解决分歧	0.903	2.873	1.346
主导企业及时与我们交换信息	0.858	2.785	1.446
可持续供应商管理 ($\alpha = 0.885; CR = 0.929; AVE = 0.813$)		3.371	
主导企业通过评估、审计与监控等措施监管我们可持续绩效	0934	3.304	1.036
主导企业为我们的员工提供可持续技术培训和教育	0.878	3.354	0.944
主导企业与我们合作帮助我们提升可持续实践能力	0.891	3.464	0.978
经济绩效 ($\alpha = 0.881; CR = 0.926; AVE = 0.807$)		2.565	
资产回报率	0.911	2.497	1.290
税前净收入（EBIT）	0.905	2.530	1.164
利润占销售百分比	0.879	2.691	1.348
环境绩效 ($\alpha = 0.741; CR = 0.852; AVE = 0.659$)		2.444	

续表

潜变量/题项 (克隆巴赫系数 α, 组合信度CR, 平均方差提取度AVE)	因子载荷	均值	标准差
减少空气污染、水污染、固体废物排放	0.815	2.122	1.028
减少资源的消耗和有害物质	0.878	2.635	1.122
节约能源	0.736	2.547	0.746
社会绩效 ($\alpha = 0.818$; $CR = 0.891$; $AVE = 0.733$)		2.382	
改善工作环境	0.835	2.204	1.160
致力于社会公益事业	0.893	2.619	1.214
致力于人力资源开发	0.838	2.276	1.271

表6-6　权力如何影响可持续供应商管理效果的研究测量模型(二阶因子)

二阶因子/一阶因子 (克隆巴赫系数 α, 组合信度CR, 平均方差提取度AVE)	因子载荷	均值
公平 ($\alpha = 0.877$; $CR = 0.902$; $AVE = 0.509$)		2.628
程序公平	0.835	2.354
分配公平	0.772	2.736
互动公平	0.827	2.806
供应商可持续绩效 ($\alpha = 0.861$; $CR = 0.891$; $AVE = 0.479$)		2.458
经济绩效	0752	2.565
环境绩效	0.820	2.444
社会绩效	0.861	2.382

聚合效度用组合信度(CR)与平均方差提取(AVE)评价。组合信度CR表示所有题项是否一致性地解释了该潜变量，大于0.7为可信；平均方差提取反映题项对该潜变量的方差解释力，大于0.5即可接受(Fornell and Larcker, 1981)。如表6-5所示，本研究中9个一阶潜变量的组合信度(CR)的值从0.741到0.885，均大于基准值0.7，平均方差提取(AVE)均大于基准值0.5，表明聚合效度较高。如表6-6所示，虽然，二阶因子供应商可持续绩效的AVE值为0.479，小于门槛值0.5，但是对于二阶因子来说，略低的AVE值也可以接受。因此本研究的测量模型具有良好的聚合效度。

区分效度用AVE的平方根是否大于潜变量之间的相关系数(Fornell-Larcker标准)、HTMT值及交叉载荷等三个标准来评价。如表6-7所示，本研究AVE的平方根均大于潜变量之间的相关系数，说明模型具有良好的区分效度(Fornell and Larcker, 1981)。Fornell-Larcker标准和交叉载荷不足以检测区分效度,我们还采用了 heterotrait-monotrait（HTMT）标准。HTMT 的值小于 0.9,说明模型的区分效度好。如表 6-8 所示,所有的HTMT 值均小于 0.8,因而测量模型具有良好的区分效度。由表 6-9 可见,其中项目载荷在设定潜变量的值要明显高于在其他变量的值,说明本研究测量模型有着良好的区分效度。

表6-7 权力如何影响可持续供应商管理效果研究的潜变量相关系数矩阵

	CP	RP	PJ	DJ	IJ	SSM	ECP	ENP	SP
CP	**0.831**								
RP	−0.187	**0.815**							
PJ	−0.311	0.495	**0.876**						
DJ	−0.187	0.575	0.470	**0.888**					
IJ	−0.150	0.641	0.573	0.423	**0.878**				
SSM	0.584	0.231	0.016	0.103	0.221	**0.902**			
ECP	0.070	0.420	0.318	0.388	0.478	0.385	**0.899**		
ENP	0.118	0.421	0.313	0.398	0.453	0.521	0.392	**0.812**	
SP	0.099	0.495	0.417	0.476	0.469	0.505	0.438	0.630	**0.856**

注:对角线黑体标注的为 AVE 的平方根。

表6-8 权力如何影响可持续供应商管理效果研究 HTMT 值

	CP	RP	PJ	DJ	IJ	SSM	ECP	ENP	SP
CP									
RP	0.214								
PJ	0.358	0.576							
DJ	0.213	0.668	0.535						
IJ	0.175	0.756	0.660	0.535					
SSM	0.672	0.274	0.081	0.118	0.250				
ECP	0.092	0.487	0.360	0.440	0.545	0.432			
ENP	0.154	0.527	0.387	0.487	0.548	0.642	0.470		
SP	0.129	0.593	0.499	0.564	0.551	0.593	0.504	0.787	

表6-9　权力如何影响可持续供应商管理效果研究中因子载荷与交叉载荷

	CP	RP	PJ	DJ	IJ	SSM	ECP	ENP	SP
CP1	**0.812**	−0.107	−0.239	−0.095	−0.126	0.482	0.043	0.144	0.076
CP2	**0.852**	−0.209	−0.230	−0.158	−0.128	0.473	0.031	0.074	0.128
CP3	**0.851**	−0.138	−0.298	−0.257	−0.124	0.505	0.043	0.060	0.057
CP4	**0.806**	−0.169	−0.262	−0.099	−0.120	0.479	0.117	0.118	0.070
RP1	−0.284	**0.838**	0.489	0.546	0.581	0.090	0.372	0.354	0.400
RP2	−0.177	**0.815**	0.439	0.472	0.517	0.171	0.351	0.396	0.394
RP3	−0.025	**0.794**	0.346	0.376	0.496	0.232	0.258	0.269	0.355
RP4	−0.099	**0.814**	0.326	0.466	0.492	0.275	0.381	0.347	0.463
PJ1	−0.277	0.429	**0.866**	0.414	0.479	−0.027	0.261	0.281	0.393
PJ2	−0.344	0.512	**0.906**	0.462	0.611	−0.036	0.341	0.254	0.340
PJ3	−0.179	0.342	**0.854**	0.347	0.393	0.121	0.221	0.294	0.367
DJ1	−0.195	0.504	0.443	**0.892**	0.393	0.032	0.303	0.323	0.399
DJ2	−0.154	0.562	0.483	**0.911**	0.431	0.127	0.365	0.399	0.430
DJ3	−0.147	0.456	0.306	**0.861**	0.288	0.117	0.369	0.333	0.444
IJ1	−0.154	0.554	0.483	0.346	**0.872**	0.242	0.405	0.420	0.441
IJ2	−0.136	0.621	0.558	0.471	**0.903**	0.212	0.490	0.483	0.462
IJ3	−0.102	0.505	0.459	0.280	**0.858**	0.122	0.353	0.272	0.321
SSM1	0.554	0.205	0.007	0.092	0.238	**0.934**	0.395	0.518	0.482
SSM2	0.522	0.245	0.039	0.109	0.204	**0.879**	0.373	0.436	0.415
SSM3	0.502	0.172	−0.004	0.076	0.151	**0.891**	0.267	0.451	0.469
ECP1	0.096	0.361	0.264	0.318	0.444	0.359	**0.911**	0.310	0.362
ECP2	0.000	0.396	0.320	0.420	0.444	0.355	**0.905**	0.440	0.480
ECP3	0.104	0.373	0.267	0.293	0.398	0.323	**0.879**	0.290	0.323
ENP1	0.115	0.330	0.261	0.286	0.367	0.396	0.306	**0.815**	0.507
ENP2	0.073	0.403	0.326	0.403	0.464	0.464	0.384	**0.878**	0.611
ENP3	0.107	0.280	0.154	0.264	0.244	0.409	0.250	**0.736**	0.392
SP1	0.137	0.384	0.279	0.341	0.369	0.438	0.315	0.499	**0.835**
SP2	0.109	0.500	0.412	0.464	0.477	0.459	0.448	0.655	**0.893**
SP3	0.003	0.372	0.371	0.408	0.346	0.398	0.351	0.445	**0.838**

(二) 结构模型

检验了测量模型的信度与效度之后，运行SmartPLS 3.0软件的PLS algorithm、bootstrapping、blindfolding三项算法来检验结构模型质量及研究假设，具体分析结果如表6-10所示。

表6-10 权力影响可持续供应商管理效果的结构模型分析结果

假设	路径关系	VIF	Std Beta	t-value	Decision	R^2	f^2	Q^2
H1a	强制权力 → SSM	1.036	0.650	14.820**	支持	0.461	0.756	0.374
H1b	奖励权力 → SSM	1.036	0.352	6.223**	支持		0.222	
H2a	强制权力 → 公正	1.036	−0.137	2.491*	支持	0.514	0.038	0.258
H2b	奖励权力 → 公正	1.036	0.679	18.531**	支持		0.914	
H3	SSM → SSP	1.099	0.548	11.623**	支持		0.830	
H4	公正 → SSP	1.051	0.529	11.594**	支持	0.741	0.810	0.316
	调节效应 → SSP	1.095	0.183	4.298**	支持		0.090	

注：**$p < 0.01$，*$p < 0.05$。

在检验研究假设之前，需要评估结构模型的质量并检验外生潜变量之间是否存在多重共线性。本研究用外生潜变量的因子得分与内生潜变量的因子得分做回归分析，根据方差膨胀因子VIF的值检验多重共线性，结果表明所有的VIF值从1.036到1.099，均低于临界值5，说明自变量之间不存在多重共线性。

结构模型质量用内源性结构的可解释变异（R^2）、效应值（f^2）、Stone-Geisser's Q^2及拟合优度（GoF）来评价（Hair et al. 2014）。如表6-9所示，可持续供应商管理、公平感知及供应商可持续绩效的R^2分别为0.461、0.514、0.741，说明强制权力与奖励权力解释了可持续供应商管理中46.1%的方差，强制权力与奖励权力解释了供应商公平感知中51.4%的方差，可持续供应商管理与公平感知共同解释了供应商可持续绩效74.1%的方差。可持续供应商管理、公平感知及供应商可持续绩效的Q^2分别为0.374、0.258、0.316，均大于0，说明该模型有着良好的预测相关性，因此，本研究的结构模型较为稳健。我们使用全局匹配拟合优度指标GoF来评估结构模型的拟合优度。GoF值0.36，影响高，GoF值0.25，影响程度中等，GoF的值0.1，影响程度小。GoF用平均R^2与平均AVE的几何平均数计算（$GoF = \sqrt{\overline{R^2} \times \overline{AVE}}$），得出GoF的值为0.652，说明该模型的拟合优度较大。

表 6-10 显示强制权力($\beta=0.650$, $t=14.820$)与奖励权力($\beta=0.352$, $t=6.223$)均与可持续供应商管理显著正相关,强制权力对可持续供应商管理的影响程度更大,因此假设H1a与H1b得到支持。强制权力显著负向影响供应商公平感知($\beta=-0.137$, $t=2.491$),奖励权力显著正向影响供应商公平感知($\beta=0.679$, $t=18.531$),因此假设H2a与H2b得到验证。可持续供应商管理显著正向影响供应商可持续绩效($\beta=0.548$, $t=11.623$),假设H3得到验证。公平感知($\beta=0.529$, $t=11.594$)及公平感知与可持续供应商管理的交互项($\beta=0.183$, $t=4.298$)均与供应商可持续绩效显著正相关,说明公平感知对可持续供应商管理及供应商可持续绩效之间的关系具有正向调节作用,假设H4得到验证。

效应值f^2为0.02、0.15、0.35分别表示影响程度小、中、大。如表6-10所示,强制权力对可持续供应商管理的(0.756)大于奖励权力(0.222),但是强制权力对公平感知的效应值f^2(0.038)小于奖励权力(0.914)。表6-9所示结果还表明可持续供应商管理(0.830)及公平感知(0.810)对供应商可持续绩效的效应值f^2均大于0.35,说明可持续供应商管理及公平感知的影响程度均比较大。

(三)重要性—绩效矩阵分析(IPMA)

重要性—绩效矩阵分析(importance-performance map analysis, IPMA),也称优先级图分析,展示了潜在变量分数平均值,是对路径系数估计值的一种补充。IPMA对比不同前因构念的总效果,展示前因构念在塑造某一目标构念的重要性,并以它们的平均潜在变量分数来指出它们的绩效。IPMA的目的是要找出对于目标构念具有相对高重要性(即那些具有强大总效果的),但同时带有相对较低绩效(即低的平均潜在变量分数)的前因变量。

为进一步分析主导企业可持续供应商管理、权力使用、公平感知在供应商可持续绩效提升中的相对重要性,我们采用IPMA进行事后分析,结果如表6-11和图6-4所示。IPMA的结果用矩阵呈现,一目了然,横轴表示重要性,纵轴表示绩效。重要性指自变量对应变量的总的影响程度,绩效表示变量的得分。IPMA结果表明,一方面,主导企业的可持续供应商管理、奖励权力及公平感知对供应商可持续绩效的影响程度比较大,但奖励权力及公平感知的绩效却小很多;另一方面,强制权力的绩效值比价高,但效应值相对来说比较小。这说明,奖励权力相对重要,但实际水平却不高,强制权力的水平高,但相对不重要。由此可见,主导企业在推行可持续供应商管理的过程中要提高奖励权力的使用程度。此外,本研究表明公平感知效应值大,但绩效值小,因此,供应商的公平感知也非常重要。主导企业在推行可持续供应商管理的过程中要注意培养供应商的公平感知。

表6-11 自变量的总效应与绩效

自变量	总效应(对供应商可持续绩效的影响)	变量绩效
强制权力	0.212	54.037
奖励权力	0.420	48.422
公平感知	0.416	40.692
可持续供应商管理	0.484	50.491

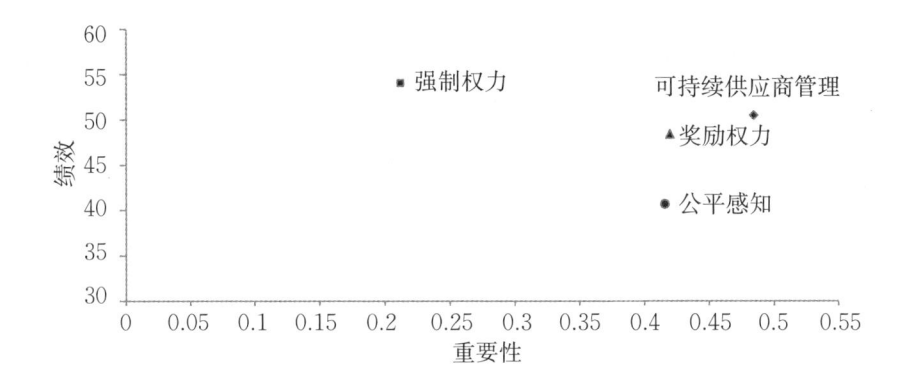

图6-4 重要性—绩效矩阵分析

四、实证分析结果讨论

(一)研究发现

供应链关系存在不对等,主观上主导企业会使用强制权力与奖励权力来推行可持续供应商管理。虽然权力的使用有助于主导企业推行可持续供应商管理,但是会影响供应商的公平感知,本研究构建模型比较强制权力与奖励权力在可持续供应链管理中的使用效果。研究结果表明:

(1)强制权力与奖励权力的使用均有助于主导企业推行可持续供应商管理,且强制权力(0.650)的比奖励权力(0.352)的影响大。

(2)强制权力的使用减弱供应商的公平感知(-0.137),奖励权力的使用能够增强供应商的公平感知。

(3)可持续供应商管理能提升供应商可持续绩效(0.548)。

(4)供应商公平感知能强化主导企业可持续供应商管理对供应商可持

续绩效的影响程度(0.183)。

(5)根据IPMA结果,比较强制权力与奖励权力对供应商可持续绩效的总影响程度可以发现,强制权力(0.212)的效果远远小于奖励权力(0.420)。

(二)研究结果启示

(1)强制权力比奖励权力更易推动可持续供应商管理。可持续供应链管理中,主导企业不能只是简单地向供应商发布可持续准则,如果供应商虚假执行,可持续准则只能是美好的愿景。主导企业依据自身在供应链中拥有的强制权力与奖励权力推行可持续供应商管理,且强制权力比奖励权力更能推动可持续供应商管理,在实践中主导企业也更倾向于采用强制权力。根据参照点理论,供应商会把现状作为参照点,如果主导企业使用强制权力,诸如削减业务等会被供应商看成是损失,供应商对损失会更敏感。因此,强制权力更易推动可持续供应商管理。然而,我们的研究还发现,强制权力会降低供应商的公平感知,较低的公平感知不利于供应商提升可持续绩效。因此,主导企业在运用强制权力时需要小心谨慎,以防损害供应商公平感知。

(2)主导企业依据权力推行可持续供应商管理的过程中要关注供应商的公平感知,切不可强行推行。供应商可持续管理不等于供应商可持续绩效,供应商可持续管理的效果受供应商公平感知的影响。结合第二章研究结论,面对主导企业的可持续管理,供应商可能采取可持续遵守与可持续承诺来积极应对,也可能采用机会主义行为来消极应对。因此,供应商的可持续绩效不完全取决于主导企业的供应商可持续管理,供应商如何应对也很重要。作为理性决策者,供应商会尽量避免主导企业的惩罚,争取主导企业的奖励。主导企业与供应商均是供应链一员,脱离供应链关系的经济考量不足以解释双方的行为。公平是供应链关系质量的核心,会影响主导企业如何采取可持续供应商管理措施及供应商的应对行为。本节调查研究表明供应商公平感知会强化可持续供应商管理与供应商可持续绩效之间的关系。如果主导企业不考虑供应商的可持续实践障碍,依据强制权力惩罚供应商的不当行为,供应商会认为不公平,进而采取机会主义行为消极应对主导企业的可持续管理,无法真正提升供应商的可持续绩效。如果主导企业能够超越经济理性,兼顾公平,则可以创造一个双赢的局面。

(3)主导企业在推行可持续供应链管理的过程中可以更多地采用奖励措施。本节IPMA结果表明奖励权力的使用对供应商可持续绩效的总效应要远大于强制权力的效果,但主导企业采用奖励权力的程度并不大。这就说明供应商可持续绩效还有很大的提升空间。只要主导企业更多地采用奖励措施,则可以改善供应链关系,从而提升主导企业可持续供应商管理的效果。已有研究表明,诸如向达到可持续准则的供应商提供更多的业务奖励性措施的确能够促进供应商遵守可持续准则并减少违规行为(Porteous et al.,2015)。

第三节 供应链地位、工序贸易公正性与供应商社会责任

供应链主导企业与供应商双方关系不对等,一方面,主观上主导企业会利用这种关系不对等,使用权力向供应商推行可持续管理,主导企业的权力使用会影响供应商主观的公平感知,进而影响主导企业的可持续供应商管理效果;另一方面,客观上供应链地位不对等会影响工序贸易的公正性,进而影响供应商社会责任。本节将分析客观上供应链地位如何影响工序贸易公正性,进而影响供应商社会责任。

一、概念模型与研究假设

(一)供应链分工地位与工序贸易公正性

全球化的发展使得国际分工从"产业内"分工向"产品内"分工深化,国际贸易也由"货物"贸易向"工序"贸易转变。在全球"产品内"分工体系下,产品价值链被分割成研发、设计、原料与零部件生产、组装、配送、营销与售后服务等不同的工序和环节,并在全球范围内进行整合。企业不再单独完成整个产品价值链的创造,而是依据各自的资源比较优势嵌入不同的位置,以自身要素禀赋专注于某一工序,并通过工序贸易实现价值增值。企业在全球供应链中的分工地位往往取决于这个企业凭借何种生产要素、以何种方式参与何种工序。黄庆波等指出,不同的工序在产品属性、要素属性、空间属性、价值属性和方向属性等五个方面存在差异(黄庆波和李佳蔚,2016)。如果企业凭借知识、技术、资本和信息等高级生产要素参与工序分工,从事的多是价值链微笑曲线两端的产品设计、研发、营销与品牌管理等高增加值的输出工序,在全球供应链中居于主导地位。相反,如果企业以劳动与自然资源等低层次要素参与工序分工,从事的多是价值链微笑曲线底端的加工和装配等低增加值的输入工序,在全球供应链中处于相对被动的地位。

全球供应链体系的形成与发展,实际上是产品各工序在全球范围内最优布局的过程。这一过程中,工序贸易不可或缺,不仅链接了不同的工序,而且实现了价值链的价值分配。公平,既是贸易的内在追求,也有助于提高分工的效率。传统的公平贸易是由国际公平组织发起的社会运动,发起于20世纪40年代,兴起于60—70年代,提倡一种关于全球劳工、环保及社会政策的公平性标准,并通过公平价格内部化外部市场失灵问题,鼓励消费者不参与涉及不公平贸易的消费(Moore, 2004)。但是,工序贸易与传统的产品贸易不同,是价值链嵌入企业之间的贸易,既不是完全市场化的交易,也有别于跨国公司的内部交易,是处于内部化交易与市场化交易之间的不完全契约。因此,工序贸易的公平性无法通过市场竞争保证,也不能依赖于跨国公司的内部治理,更无法由外部组织推动。而且,工序贸易的不完全契约特性加剧了工序贸易是否公平的不确定性。

在产品内分工体系下,企业依据要素禀赋或主导,或被整合进全球供应链,从事不同的工序。主导性的企业在价值链中较为独立,会利用其主导地位要求其他参与企业接受贸易条款以及由不完全契约所导致的后续贸易条款执行过程的改变,而依赖性的企业只能接受。实际上,虽然工序贸易由全球供应链主导企业组织和控制,其他参与企业也因各自的要素禀赋及价值增值能力拥有相应的交易能力。只不过,企业在供应链中的地位不同,工序贸易中的交易能力不同,贸易公正性也不同。根据陆亚东等的组织公正理论,公正涉及分配公正、程序公正与互动公正等三个维度(Luo, 2007):分配公正是双方对工序贸易所获报酬的分配公正性,是对工序贸易中利益分配的公正性;程序公正是工序贸易决策程序与手段的公正性;互动公正是双方在工序贸易中人际交往与信息沟通的公正性。通常,拥有高端要素的企业是产品内分工及工序贸易的实际组织者和控制者,决定着工序贸易利益如何分配,获利多。在工序分工中,低端要素的使用取决于高端要素的整合需要,其拥有企业在全球供应链中处于被整合的地位,在工序贸易利益分配中缺乏话语权,只能被动接受主导企业的分配决策,获利少。因此,企业在全球供应链中的分工地位影响企业对工序贸易的公正性。据此,本章提出如下假设:

H1a　全球供应链分工地位对工序贸易的分配公正性有正向影响。

H1b　全球供应链分工地位对工序贸易的程序公正性有正向影响。

H1c　全球供应链分工地位对工序贸易的互动公正性有正向影响。

(二) 工序贸易公正性与供应商社会责任

根据卡罗尔的社会责任金字塔结构,企业在参与全球供应链工序分工实现自身要素价值的同时,也需要承担相应的社会责任,具体涉及经济、法律、伦理与自发四个层面(Carroll, 1979)。首先,企业需要承担最基本的经济责任,为社会提供有价值的产品,降低成本并创造利润。其次,企业要承担相应的法律责任,做到诚信经营、合法经营。第三,企业在法律法规约束下创造利润只是承担社会责任的底线,企业的行为需要符合伦理规范。随着社会进步,利益相关者会对企业提出越来越多的伦理责任:技术升级与产业结构优化、绿色环保、增加就业、劳工保护等。最后,企业还应主动承担更多的自发责任,支援教育、支持健康、人文关怀、文化与艺术、城市建设等项目以及其他慈善活动。企业社会责任要求企业不仅不能"做坏事",还要多做"好事",这就需要企业不仅有强烈的承担社会责任的意愿,还需要有足够的资源能力,才能到达企业社会责任金字塔的顶层。可是,根据吴定玉的研究,在核心企业主导的全球供应链工序分工模式下,全球供应链的企业社会责任管理模式中存在贡献与收益错位、监督与治理错位及目标与内容错位,这三种错位严重挫伤了企业承担社会责任的主观意愿与客观能力,进而导致了全球供应链的社会责任实践不足与低效(吴定玉,2013)。企业对工序贸易的公正性可以纠正这三种错位,进而促进企业承担更多的社会责任。

首先,全球供应链的企业社会责任管理模式中存在贡献与收益错位,而工序贸易的分配公正在某种程度上可以纠正这一错位。位于全球供应链两端的企业从事研发与销售的工序,需要承担的社会责任相对较小,位于价值链底端的制造企业则需要承担更多的社会责任。可是,全球供应链的利益分配由核心企业主导,不可能确保供应链各参与企业的利益所得与承担的社会责任一致。因此,企业在工序贸易中的分配公正性至关重要,不仅影响企业承担社会责任的意愿,而且影响企业承担社会责任的能力。如果企业感知到工序贸易的利益分配不公正,企业至多只愿意承担基本的经济与法律责任。只有企业感知到工序贸易分配的公正性,才愿意承担金字塔顶端的伦理责任与自发责任。此外,不管是承担基本的经济与法律责任还是承担顶端的伦理责任与自发责任,企业均需要进行专用性投资,才能形成承担社会责任所需的能力。在工序贸易的不完全契约下,如果企业预见到无法获得社会责任专用性投资的收益,企业事先就不会投资。因此,工序贸易的分配公正不仅客观上影响企业承担社会责任的能力,也在主观上影响企业为社会责任进行专用性投资的意愿。而且,对于社会责任金字塔顶端的

伦理责任与自发责任,分配公正的影响程度更大。据此,本章提出假设:

  H2a　工序贸易的分配公正性对企业承担经济责任有正向影响。

  H2b　工序贸易的分配公正性对企业承担法律责任有正向影响。

  H2c　工序贸易的分配公正性对企业承担伦理责任有正向影响。

  H2d　工序贸易的分配公正性对企业承担自发责任有正向影响。

  其次,全球供应链的企业社会责任管理模式中存在监督与治理错位,而工序贸易的程序公正在某种程度上可以纠正这种错位。通常,全球供应链中知名的核心企业最受社会关注(Schmidt et al., 2017),不仅需要为自身的社会责任负责,还要为上游供应商的不当行为承担责任,因而会实施可持续供应链管理,以确保供应商遵守相应的社会责任准则。然而,位于价值链底端的加工制造企业无须面对最终的消费者,很少需要直接披露社会责任状况,加上来自主导企业的及竞争者的多种压力,就会出现机会主义行为。根据霍宝锋等与博伊德等的研究,程序公正可以提升企业与价值链伙伴之间的信任与承诺等关系质量,增强企业的遵守意愿,减少机会主义倾向(Huo et al., 2019),提升企业承担社会责任的意愿(Boyd, 2007)。如果企业感受到工序贸易中决策程序与手段的公正性,则更加信任主导企业,因而会降低机会主义倾向,更愿意遵守全球供应链主导企业推行的社会责任准则,并在全球供应链中承诺承担更多的社会责任。相反,如果工序贸易的程序不公正,企业不能充分表达自身的意见,感受到工序贸易过程过于武断,则不愿意遵循主导企业的可持续管理,容易产生机会主义倾向,最多只会承担必要的经济与法律责任。由此可见,高的程序公正性有利于企业承担更高的伦理责任与自发责任。据此,本章提出假设:

  H3a　工序贸易的程序公正性对企业承担经济责任有正向影响。

  H3b　工序贸易的程序公正性对企业承担法律责任有正向影响。

  H3c　工序贸易的程序公正性对企业承担伦理责任有正向影响。

  H3d　工序贸易的程序公正性对企业承担自发责任有正向影响。

  第三,全球供应链的企业社会责任管理模式中存在目标与内容的错位,而工序贸易的互动公正在某种程度上可以纠正这种错位。在全球供应链的社会责任管理中,不同位置的企业有着不同的动机与目标,关注的社会责任层次也会不同。通常,全球供应链中的主导企业会积极推动整个供应链的企业社会责任管理(Gimenez and Tachizawa, 2012),以此提升品牌形象并获得持久竞争力,因而更加关注顶层的伦理责任与自发责任,其社会责任工作的重点是员工福利、环境保护、社会公益事业与慈善活动等。然而,处于价值链底端的加工制造企业只是被动遵守核心企业推行的社会责任准则,以此获得订单、改善竞争环境、增加利润,因而只会承担最基本的经济与法律责任,其社会责任工作的重点是如何应对主导企业关于社会责任的监察。如果在价值链工序贸易的过程中,主导企业能够向供应商传递有关信息,解释价值链的社会责任目标及工序贸易的原则、方案,充分尊重供应商的诉求,则有助于提升双方关系质量,形成一致的社会责任目标,促进企业承担更高层次的社会责任。由此可见,高的工序公正性有利于企业承担更高的伦理责任与自发责任。据此,本章提出假设:

H4a 工序贸易的互动公正性对供应商承担经济责任有正向影响。

H4b 工序贸易的互动公正性对供应商承担法律责任有正向影响。

H4c 工序贸易的互动公正性对供应商承担伦理责任有正向影响。

H4d 工序贸易的互动公正性对供应商承担自发责任有正向影响。

综上,本节把工序贸易公正性作为中介变量,研究企业在全球供应链中的分工地位对企业社会责任的影响,研究整体模型如图6-5所示。

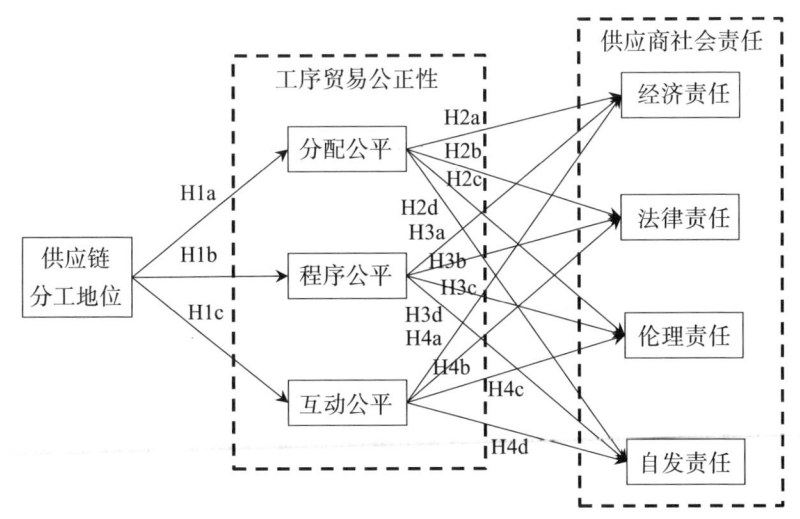

图6-5 供应链分工地位、工序贸易公正性与供应商社会责任概念模型

二、研究设计

(一) 样本与数据来源

本节探讨供应链地位如何影响双方工序贸易公正性,进而影响供应商可持续绩效,研究样本与数据收集同第二章,具体见表2-3。

(二) 变量及其测量

在对全球供应链分工地位的测量中,关于国家或产业层面的研究主要采用库普曼的KPWW法,依据TiVA统计数据,测算不同国家或不同行业GVC地位指数(尹彦罡和李晓华,2015)。而关于企业层面的网络地位的测量方法大致有两种:一种是根据"提名生成法"得到企业社会网络矩阵,采用社会网络分析软件计算中心度等网络指标;另一种是开发量表,如任胜钢和舒睿(2014)设计问卷调查受访者所认知的网络位置。施密特等(2017)直接把供应链上的企业位置分成原料供应商、零部件供应商、贴牌加工企业及分销、零售商。本研究关注企业在供应链中地位的主导或从属性,因此采用问卷调查法,测量题项充分考虑企业在全球供应链中嵌入工序的特点,借鉴陆铭与黄庆波等的研究,从嵌入要素的高端性(自然资源、劳动、资本、技术、人力资本)、嵌入工序的战略性(原料与零部件供应、加工与装配、生产与制造、品牌与渠道、研发与设计)、附加值的高低、输出还是输入工序等4个方面来测量(黄庆波和李佳蔚,2016;陆铭,2014),具体变量测量详见表6-15。因为嵌入工序的特点影响企业在全球供应链的分工地位,所以采用形成性测量模型。

工序贸易公正性的测量借鉴纳拉辛汉(2013)等关于组织公平的相关研究,采用反应性指标从分配公正、程序公正与互动公正三个维度来测量。本研究关注在全球供应链工序分工体系下,企业对工序贸易的公正性:分配公正主要关注工序贸易中所得与投资及付出是否匹配、与承担的社会责任是否匹配、与对方所得是否相当;程序公正主要关注工序贸易过程中贸易标准是否一致、贸易标准是否公正、贸易过程是否公正;互动公正主要关注工序贸易中信息交流是否充分及时、是否得到应有的尊重、是否被礼貌的对待。具体变量测量详见表6-12。

企业社会责任以卡罗尔(1979)的金字塔责任为基础,充分考虑各利益相关者及社会发展对企业社会责任提出的新要求,采用反应性指标从经济责任、法律责任、伦理责任与自发责任等四个层面测量:经济责任用降低成本、产品货真价实、增加利润等3个题项测量;法律责任包括遵守法律法规、遵守社会公德、遵守商业道德等3个题项;伦理责任是社会对企业的期望,用保护环境和资源、增加就业并保护劳工权益、技术创新与产业结构优化等3个题项测量;自发责任是企业主动承担的社会责任,包括支援教育与健康、人文关怀与文化建设、发展慈善事业等3个题项。具体变量测量详见表6-12。

施密特等(2017)的研究表明,行业、企业规模与性质会影响企业承担社会责任,笔者将对这几个变量加以控制。不同行业面临的企业社会责任不同,行业类型影响企业承担社会责任;企业规模用员工人数测量,相对于小企业,大企业拥有资源能力承担企业社会责任;企业性质取虚拟变量,国有性质取1,其他取0,国有性质企业具有更强的动机承担社会责任。

(三) 共同方法偏差

由于数据的收集采用调查问卷的方式,受访者容易受到社会期望的影响,产生共同方法偏差。一般采用过程控制和统计控制两种方法来检验是否存在共同方法偏差。本研究在量表设计过程中尽量避免歧义,发放问卷时也尽量确保受访者的匿名性和保密性,在过程控制环节最大限度地避免了共同方法偏差的产生。统计控制采用单因素检验法,探索性因子分析结果如表6-12所示。

表6-12 共同方法偏差检验结果

成分	初始特征值			提取载荷平方和			旋转载荷平方和		
	总计	方差(%)	累积(%)	总计	方差(%)	累积(%)	总计	方差(%)	累积(%)
1	10.556	42.226	42.226	10.556	42.226	42.226	4.732	18.927	18.927
2	1.948	7.794	50.019	1.948	7.794	50.019	3.462	13.847	32.774
3	1.323	5.293	55.312	1.323	5.293	55.312	3.121	12.483	45.257
4	1.183	4.733	60.045	1.183	4.733	60.045	2.677	10.709	55.967
5	1.032	4.129	64.174	1.032	4.129	64.174	2.052	8.207	64.174
6	0.981	3.923	68.097						
7	0.852	3.407	71.504						
8	0.702	2.808	74.312						
9	0.607	2.429	76.742						
10	0.587	2.350	79.091						
11	0.550	2.199	81.290						
12	0.517	2.069	83.359						
13	0.464	1.856	85.215						
14	0.458	1.833	87.048						
15	0.435	1.741	88.788						
16	0.393	1.570	90.359						
17	0.372	1.490	91.849						
18	0.366	1.465	93.314						
19	0.327	1.306	94.620						
20	0.304	1.216	95.836						
21	0.260	1.041	96.877						
22	0.224	0.898	97.775						

续表

成分	初始特征值			提取载荷平方和			旋转载荷平方和		
	总计	方差(%)	累积(%)	总计	方差(%)	累积(%)	总计	方差(%)	累积(%)
23	0.201	.803	98.577						
24	0.186	0.744	99.321						
25	0.170	0.679	100.000						

从表6-12可以看出,共有5个因子的特征值均大于1,其中第一个因子的方差解释度为18.77%,满足不大于40%的检验要求。基于以上分析,本研究数据没有明显的共同方法偏差。

(四)应答偏差

为了检查本研究可能存在的应答偏差,采用方差分析比较早期邮件回答者(102份)、后期邮件回答者(79份)、企业现场填答者(31份)及MBA与EMBA学员回答者(69份)是否存在显著差异。方差分析结果显示4种不同渠道收集的样本企业的行业类型、企业规模与企业性质在5%的置信区间水平上不存在显著的差异。

三、数据分析与模型检验

(一)数据分析方法

本节探索全球价值链分工地位、工序贸易公正性与企业社会责任三者之间的关系,共包括8个潜变量,25个测量题项,选择偏最小二乘结构方程模型(PLS-SEM),运用Smartpls 2.0软件,验证理论假设,是因为本研究测量题项相对较多,企业社会责任信息相对敏感,研究样本数量相对较少。PLS-SEM不同于基于协方差的结构方程模型(CB-SEM),是一种基于成分的分析方法,因此,PLS-SEM在样本数量偏少时仍能保持稳健的结果,实现最大化的预测效力,能够检验较为复杂的模型。此外,本研究的测量模型中既包括反映性潜变量又包括形成性潜变量,选用PLS-SEM可以同时分析反映性及形成性外生潜变量对内生潜变量的影响程度。

(二)测量模型检验

1. 反映性测量模型检验

反映性测量模型的信度与效度用量表信度、聚合效度与区分效度来检验。测量模型的信度用项目载荷与克隆巴赫系数α来评价,一般项目载荷超过0.7,表明较好的信度,克隆巴赫系数α的值介于0和1之间,其值越接近于1,表示测试的信度越高,一般超过0.7则表示量表的信度可靠。由表6-13可见,各题项的因子载荷均大于0.7,克隆巴赫系数α均大于0.7,说明本问卷具有较好的测量信度。

表6-13 反映性测量模型的描述性统计、信度与效度分析

潜变量	观察变量	因子载荷	均值	标准差	克隆巴赫系数α	CR	AVE
工序贸易分配公正	所得与投资及付出的匹配性	0.871	3.189	0.939	0.739	0.851	0.657
	所得与社会责任的匹配性	0.726	3.093	0.869			
	所得与对方是否相当	0.828	3.107	0.872			
工序贸易程序公正	贸易标准的一致性	0.903	3.295	1.022	0.837	0.902	0.754
	贸易标准的公正性	0.868	3.011	1.054			
	贸易过程的公正性	0.831	3.125	1.005			
工序贸易互动公正	信息交流是否充分及时	0.810	3.534	0.902	0.724	0.844	0.644
	是否得到应有尊重	0.803	3.769	0.534			
	是否被礼貌对待	0.794	3.545	0.944			
经济责任	产品货真价实	0.812	3.655	1.006	0.831	0.899	0.748
	降低成本	0.889	3.534	1.018			
	创造利润	0.890	3.626	1.000			
法律责任	遵守商业道德	0.835	3.609	1.050	0.717	0.841	0.639
	遵守社会公德	0.807	3.851	0.861			
	遵守法律法规	0.754	3.772	0.796			
伦理责任	保护环境和资源	0.798	3.295	1.015	0.752	0.858	0.669
	增加就业、保护劳工权益	0.799	3.189	1.005			
	技术创新与产业结构优化	0.854	3.281	0.976			
自发责任	支援教育与健康事业	0.823	2.932	0.845	0.780	0.872	0.694
	人文关怀与文化建设	0.836	3.196	0.979			
	发展慈善事业	0.840	3.292	1.028			

聚合效度用组合信度(CR)与平均方差提取(AVE)评价。组合信度CR表示所有题项是否一致性地解释了该潜变量,大于0.7为可信;平均方差提取反映题项对该潜变量的方差解释力,大于0.5即可接受(Fornell and Larcker, 1981)。如表6-13所示,本研究中7个反映性潜变量的组合信度均大于基准值0.7,平均方差提取均大于基准值0.5,表明聚合效度较高。

区分效度用AVE的平方根是否大于潜变量之间的相关系数及交叉载荷两个标准来评价。如表6-14所示,本研究AVE的平方根均大于潜变量之间的相关系数,说明模型具有良好的区分效度(Fornell and Larcker, 1981)。依据交叉载荷标准,项目载荷大于所有交叉载荷时,量表具有区分效度。其中,项目载荷是一个题项对其所属潜变量的贡献,交叉载荷是一个题项对其他潜变量的贡献。由表6-15可见,其中项目载荷在设定潜变量的值要明显的高于在其他变量的值,说明本研究测量模型有着良好的区分效度。

表6-14 潜变量相关矩阵及AVE的平方根

	供应链分工地位	分配公正	程序公正	互动公正	经济责任	法律责任	伦理责任	自发责任
供应链分工地位	形成性潜变量							
分配公正	0.595	**0.811**						
程序公正	0.497	0.534	**0.868**					
互动公正	0.545	0.521	0.492	**0.802**				
经济责任	0.614	0.565	0.581	0.573	**0.865**			
法律责任	0.297	0.237	0.114	0.170	0.208	**0.799**		
伦理责任	0.708	0.630	0.548	0.580	0.696	0.220	**0.818**	
自发责任	0.654	0.774	0.635	0.637	0.624	0.240	0.676	**0.833**

注:AVE的平方根以黑体标注。

表6-15 项目载荷与交叉载荷

	供应链分工地位	工序贸易分配公正	工序贸易程序公正	工序贸易互动公正	环境责任	法律责任	伦理责任	自发责任
GSCP1	**0.869**	0.527	0.436	0.458	0.523	0.269	0.579	0.552
GSCP2	**0.928**	0.566	0.445	0.504	0.538	0.298	0.681	0.626
GSCP3	**0.900**	0.515	0.471	0.492	0.578	0.259	0.648	0.588
GSCP4	**0.871**	0.503	0.431	0.492	0.575	0.213	0.604	0.557
DJ1	0.521	**0.871**	0.455	0.481	0.490	0.186	0.552	0.716
DJ2	0.398	**0.726**	0.372	0.355	0.401	0.150	0.382	0.506
DJ3	0.516	**0.828**	0.464	0.422	0.478	0.235	0.575	0.640
PJ1	0.528	0.517	**0.903**	0.453	0.574	0.203	0.550	0.580
PJ2	0.385	0.445	**0.868**	0.423	0.479	0.062	0.479	0.567

续表

	供应链分工地位	工序贸易分配公正	工序贸易程序公正	工序贸易互动公正	环境责任	法律责任	伦理责任	自发责任
PJ3	0.360	0.420	**0.831**	0.402	0.448	0.003	0.381	0.501
IJ1	0.446	0.447	0.434	**0.810**	0.486	0.133	0.476	0.545
IJ2	0.427	0.423	0.391	**0.803**	0.453	0.068	0.456	0.470
IJ3	0.439	0.384	0.358	**0.794**	0.439	0.206	0.464	0.515
EcCSR1	0.587	0.511	0.514	0.578	**0.812**	0.199	0.635	0.603
EcCSR2	0.509	0.474	0.496	0.453	**0.889**	0.179	0.583	0.492
EcCSR3	0.482	0.471	0.490	0.437	**0.890**	0.157	0.579	0.509
LCSR1	0.200	0.160	−0.063	0.090	0.094	**0.835**	0.135	0.143
LCSR2	0.299	0.228	0.225	0.184	0.224	**0.807**	0.258	0.232
LCSR3	0.212	0.182	0.119	0.137	0.187	**0.755**	0.132	0.205
EtCSR1	0.590	0.532	0.443	0.470	0.635	0.154	**0.798**	0.533
EtCSR2	0.555	0.499	0.400	0.423	0.474	0.204	**0.799**	0.540
EtCSR3	0.589	0.513	0.499	0.526	0.593	0.183	**0.854**	0.585
DCSR1	0.608	0.589	0.565	0.569	0.561	0.259	0.658	**0.823**
DCSR2	0.503	0.668	0.523	0.511	0.509	0.172	0.523	**0.836**
DCSR3	0.525	0.676	0.498	0.512	0.490	0.171	0.510	**0.840**

注：对应潜变量的载荷以黑体字表示。

2. 形成性测量模型检验

形成性测量模型用观察变量的方差膨胀因子(VIF)、权重系数(outer weight)的显著性及聚合效度进行检验，如表6-16所示。从表6-16可以看出，所有观察变量的VIF值均低于临界值5，说明各观察变量之间不存在多重共线性。同时，所有观察变量的权重系数均达到显著性水平。为验证全球供应链分工地位这一形成性潜变量的聚合效度，在问卷中增加一个概括全球供应链分工地位的总体测量题项，以此作为单一指标构建反映性全球供应链分工地位，以形成性全球供应链分工地位作为自变量，以反映性全球供应链分工地位作为因变量，采用冗余分析，判断其聚合效度(Hair et al., 2014)。从表6-16可见，形成性全球供应链分工地位对反映性全球供应链分工地位之间的影响系数为0.884，超过临界值0.8，说明全球供应链分工地位具有聚合效度。

表6-16 形成性测量模型检验

潜变量	观察变量	均值	标准差	VIF	载荷	权重	t-value	路径系数
供应链分工地位	要素高端性	3.171	1.095	2.619	0.869	0.261	2.264	0.884
	工序战略性	3.032	1.090	3.029	0.927	0.397	3.902	
	附加值高低	2.940	1.038	3.533	0.900	0.224	1.842	
	输出工序比重	3.107	1.054	2.847	0.871	0.233	2.164	

注：路径系数为形成性全球供应链分工地位与反映性全球供应链分工地位之间的系数。

（三）结构模型及研究假设检验

在检验了测量模型的信度与效度之后，运行SmartPLS软件的PLS algorithm、bootstrapping、blindfolding三项算法来检验结构模型质量及研究假设，具体分析结果如表6-17所示。

在检验研究假设之前，需要评估结构模型的质量并检验外生潜变量之间是否存在多重共线性。本研究用外生潜变量的因子得分与内生潜变量的因子得分做回归分析，根据方差膨胀因子VIF的值检验多重共线性，结果表明分配公正、程序分配及互动公正的VIF值分别为1.596、1.533、1.505，均低于临界值5，说明工序贸易公正三个维度之间不存在多重共线性。

表6-17 假设检验结果

假设	路径关系	路径系数	t-value	结论	R^2	Q^2
H1a	供应链分工地位→分配公正	0.595	14.389***	支持	0.354	0.232
H1b	供应链分工地位→程序公正	0.497	10.182***	支持	0.247	0.182
H1c	供应链分工地位→互动公正	0.545	12.919***	支持	0.297	0.191
H2a	分配公正→经济责任	0.221	4.094***	支持	0.505	0.369
H3a	程序公正→经济责任	0.263	4.866***	支持		
H4a	互动公正→经济责任	0.274	4.694***	支持		
H2b	分配公正→法律责任	0.182	2.458**	支持	0.104	0.068
H3b	程序公正→法律责任	−0.095	0.975	不支持		
H4c	互动公正→法律责任	0.044	0.628	不支持		

续表

假设	路径关系	路径系数	t-value	结论	R^2	Q^2
H2c	分配公正→伦理责任	0.352	5.972***	支持		
H3c	程序公正→伦理责任	0.195	3.230**	支持	0.532	0.352
H4c	互动公正→伦理责任	0.269	4.580***	支持		
H2d	分配公正→自发责任	0.496	10.481***	支持		
H3d	程序公正→自发责任	0.217	4.350***	支持	0.719	0.496
H4d	互动公正→自发责任	0.250	5.450***	支持		

注：***表示 $p < 0.001$，**表示 $p < 0.01$，*表示 $p < 0.05$。

结构模型质量用内源性结构的可解释变异(R^2)、Stone-Geisser's Q^2 及拟合优度(GoF)来评价(Hair et al., 2014)。如表6-18所示，工序贸易分配公正、程序公正及互动公正的 R^2 分别为0.354、0.247、0.297，说明全球供应链分工地位较好地解释了企业对工序贸易的公正性；经济责任、法律责任、伦理责任及自发责任的 R^2 分别为0.505、0.104、0.532、0.719，说明工序贸易公正较好地解释了企业社会责任，尤其是自发责任。分配公正、程序公正及互动公正的 Q^2 分别为0.232、0.182、0.191，经济责任、法律责任、伦理责任及自发责任的 Q^2 分别为0.369、0.068、0.352、0.496，均大于0，说明该模型有着良好的预测相关性，因此，本研究的结构模型较为稳健。GoF用平均 R^2 与平均 AVE 的几何平均数计算($GoF = \sqrt{\overline{R^2} \times \overline{AVE}}$)，得出GoF的值为0.520，说明该模型的拟合优度较大。

表6-17显示全球供应链分工地位对分配公正($\beta = 0.595, p < 0.001$)、程序公正($\beta = 0.497, p < 0.001$)以及互动公正($\beta = 0.545, p < 0.001$)都存在显著的正向影响，因此H1a、H1b与H1c均得到支持。分配公正对经济责任($\beta = 0.221, p < 0.001$)、法律责任($\beta = 0.182, p < 0.01$)、伦理责任($\beta = 0.352, p < 0.001$)以及自发责任($\beta = 0.496, p < 0.001$)均存在显著的正向影响，因此H2a、H2b、H2c与H2d均得到支持。程序公正对经济责任($\beta = 0.263, p < 0.001$)、伦理责任($\beta = 0.195, p < 0.01$)以及自发责任($\beta = 0.217, p < 0.001$)存在显著的正向影响，但对法律责任的影响不显著，因此H3a、H3c与H3d均得到支持，H3b未得到验证。互动公正对经济责任($\beta = 0.274, p < 0.001$)、伦理责任($\beta = 0.269, p < 0.01$)以及自发责任($\beta = 0.250, p < 0.001$)存在显著的正向影响，但对法律责任的影响不显著，因此H4a、H4c与H4d均得到支持，H4b未得到验证。

为进一步比较工序贸易分配公正、程序公正及互动公正对企业社会责任四个维度的不同影响,作图6-6所示的路径系数比较图。总体来看,分配公正曲线位于最上方,互动公正曲线位于中间,程序公正曲线位于最下方,说明分配公正对供应商社会责任总体的影响程度最大,其次是互动公正,影响最小的是程序公正;自发责任的三个点位置相对较高,法律责任的三点位置相对最低,说明工序贸易公正性各维度对自发责任影响的程度最大,其次是伦理责任,再次是经济责任,对法律责任基本没有影响;具体到工序贸易公正的不同维度,分配公正对自发责任的影响最大,其次是伦理责任,接着是经济责任,对法律责任的影响最小;互动公正对经济责任的影响最大,其次是伦理责任,接着是自发责任,对法律责任无影响;程序公正对经济责任的影响最大,其次是自发责任,然后是伦理责任,对法律责任无影响。

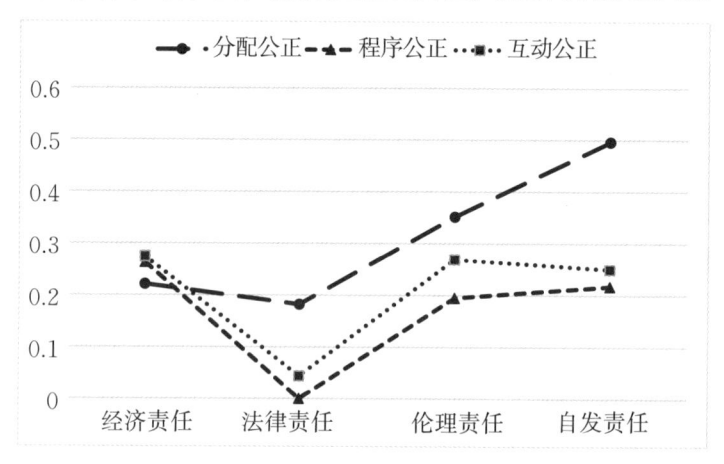

图6-6 工序贸易公正对供应商社会责任影响程度比较

此外,对制造业行业类型、企业规模及企业性质等三个控制变量纳入模型进行检验,验证结果如表6-18所示。

表6-18 控制变量检验结果

控制变量	因变量			
	经济责任	法律责任	伦理责任	自发责任
行业类型	0.059(1.406)	0.130(2.083)	0.090(2.242)	−0.030(0.931)
企业规模	0.088(1.903)	0.124(1.851)	0.101(1.978)	0.100(2.832)
企业性质	0.094(1.895)	0.104(1.814)	−0.064(1.337)	−0.030(1.047)

注:表内数据为路径系数,括号内为路径系数的T值。

四、实证分析结果讨论

本章根据对我国制造业企业的281份调查问卷,采用PLS-SEM分析了全球供应链分工地位如何通过企业的工序贸易公平感知影响企业社会责任。研究表明了以下观点:全球供应链分工地位对企业工序贸易感知三个维度均有显著的正向影响,而工序贸易公平感知的不同维度对企业社会责任不同维度有着不同程度的影响;其中,分配公平的影响最大,自发责任受到的影响最大,而法律责任只受到分配公平的微弱影响;虽然工序贸易公平的三个维度均对经济责任产生影响,但影响程度小于其对伦理责任及自发责任的影响。

(1) 理论贡献:① 已有研究虽然已经从管理者个体、企业内部及外部环境等多个角度分析了影响企业社会责任实践的因素,但都是把企业看成独立决策的主体,忽略了全球分工体系的深化所带来的变化。本研究考虑到企业参与产品内工序分工,探讨了工序贸易公平对企业社会责任的影响,研究发现工序贸易公平感有助于企业承担社会责任。② 把企业置于全球供应链,进一步探讨企业在全球供应链的分工地位如何影响企业对工序贸易的公平感知。因此,我们把对企业社会责任影响因素的挖掘延伸到全球供应链,拓宽了企业社会责任的研究视角。

(2) 实践意义:① 本研究发现企业对工序贸易的公平感知显著影响企业社会责任,尤其是分配公平对自发责任的影响。不管是出于全球供应链可持续治理的需要,还是对自身的可持续风险的规避,供应链主导企业都希望合作企业承担社会责任。因此,主导企业在工序贸易过程中,如果与合作企业沟通、传递可持续信息、尊重合作企业的意见、做到程序公正与公开、充分考虑分配结果的公平性,则有助于合作企业提升承担社会责任的能力与意愿。② 本研究表明企业对工序贸易的公平感知受全球供应链分工地位的影响,因而提升全球供应链分工地位是关键。

根据以上研究结论,我国企业社会责任缺失并不全是因为企业社会责任感低或者相关政策不完善。随着全球分工的深化,我国企业也越来越多地以不同的工序嵌入全球供应链。可是,我国企业大多以资源与劳动等低端要素嵌入全球供应链,往往是工序的输入方,从事原料与零部件等非战略性的工序,附加值较低,因而在全球供应链中处于弱势地位,工序贸易中的公平感较低,导致我国企业承担社会责任的意愿不足,承担企业社会责任的能力也较弱。具体到我国企业管理实践,要想企业承担起相应的社会责任,就应从提升全球供应链分工地位着手。这就需要企业集聚技术与人才等高端要素,从输入工序向输出工序转变,从原料与零部件加工制造向品牌与渠道以及研发转变,增加附加值。企业只有不断改善要素结构,向供应链中高端攀升,争取在工序贸易中的话语权,才能够获得公平的工序贸易利益,才有足够的意愿与能力承担更多的社会责任,从经济与法律责任向伦理责任与自发责任攀升。

第四节　本章小结

(一) 创新之处

已有学者注意到供应链权力不对等在可持续供应链管理中的重要作用,但这些研究过分重视主导企业权力在推行可持续供应链管理中的正面作用,而忽略了权力对其他关系变量的负面影响。本章从主观与客观两个角度探讨供应链关系不对等这一特征如何影响供应商可持续绩效。

(二) 结论

(1) 主观上主导企业也会利用这种不对等关系,使用权力来推动可持续供应商管理。研究发现,强制权力的使用比奖励权力的使用更有助于主导企业推行可持续供应商管理,但强制权力的使用减弱供应商的公平感知,而奖励权力的使用能够增强供应商的公平感知;可持续供应商管理能有效提升供应商可持续绩效;供应商公平感知能强化主导企业可持续供应商管理对供应商可持续绩效的影响程度。

(2) 客观上,主导企业与供应商在供应链关系中所处的地位不同,研究表明全球供应链分工地位对企业工序贸易感知三个维度均有显著的正向影响,而工序贸易公平感知的不同维度对企业社会责任不同维度有着不同程度的影响;其中,分配公平的影响最大,自发责任受到的影响最大,而法律责任只受到分配公平的微弱影响;虽然工序贸易公平的三个维度均对经济责任产生影响,但影响程度小于其对伦理责任及自发责任的影响。

(三) 管理启示

据此,我们可以得出以下两点管理启示:第一,主导企业在推行可持续供应链管理时要善用奖励性权力;第二,主导企业在推行可持续供应链管理时要注意提升供应商的公平感知。

第七章 供应商可持续实践治理机制创新

本章(模块六)旨在研究如何创新供应商可持续实践的治理机制。首先,依据以上五个模块的研究结果,揭示供应商可持续实践的驱动机制,总结供应商可持续实践三种行为模式的驱动因素,以此作为供应商可持续实践治理机制创新研究的实证依据;接着,阐述顺从理论、影响理论与"助推"理论,以此作为供应商可持续实践治理机制创新研究的理论依据;然后,设计"助推"机制,与现有的命令型与市场型治理措施相互补充,以此促进供应商可持续遵守与承诺、抑制供应商机会主义行为;最后,借鉴QFD(质量屋)系统决策方法描述供应商可持续实践障碍治理措施组合选择步骤。

第一节 供应商可持续实践治理机制创新研究的实证依据:基于本研究的发现

一、监管型与开发型两类措施如何驱动供应商可持续实践

主导企业采用开发型与监管型两类供应商可持续治理措施,旨在驱动供应商可持续遵守与承诺、抑制供应商机会主义行为。第二章研究结果表明,可持续监管与可持续开发两类措施治理效果存在差异:两类治理措施对供应商可持续遵守的影响程度相当,但是可持续开发比可持续监管更能促成供应商可持续承诺;可持续开发可以抑制供应商机会主义行为,但可持续监管会诱发供应商机会主义行为。由此可见,开发型治理措施不仅更能驱动供应商可持续承诺,而且能抑制供应商机会主义行为。

主导企业监管型与开发型两类治理措施能够驱动供应商可持续遵守与可持续承诺,而供应商可持续遵守与承诺均能提高经济绩效、环境绩效与社会绩效,但效果有所差异:可持续遵守对经济绩效的影响比可持续承诺大;可持续遵守对环境绩效的影响略小于可持续承诺;可持续遵守对社会绩效

的影响远远小于可持续承诺。此外,可持续开发可以抑制供应商机会主义行为,进而阻止机会主义行为损害供应商的环境绩效与社会绩效,而可持续监管可能诱发供应商机会主义行为,会进一步恶化供应商的环境绩效与社会绩效。

由此可见,供应商迫切需要超越可持续遵守,真正做到可持续承诺,致力于可持续实践,才能解决可持续问题。相应地,主导企业需要采用供应商可持续开发措施,帮助供应商形成可持续实践能力,才能促进供应商承诺可持续行为,才能遏制供应商的机会主义行为,真正实现供应链可持续发展。

二、工具性、道德性与关系性三种动机如何驱动供应商可持续实践

供应商可持续实践过程中存在工具性、道德性与关系性三种动机。第三章实证研究结果表明工具性、道德性与关系性三种动机均能促成供应商可持续遵守与可持续承诺。计算三种动机对供应商可持续遵守与承诺影响的总体效应发现:道德性动机对二者影响的总效应最大,工具性动机与关系性动机的总体影响差不多,但比道德性动机的总体影响小很多,几乎只有道德性动机总体影响的一半。

具体到三种动机对供应商可持续遵守与承诺的单独影响,影响程度的差异比较大:道德性动机对供应商可持续遵守与承诺的正向影响都很大,且对可持续承诺的影响更大;工具性动机虽然对可持续遵守的影响较大,但对可持续承诺的影响比较小;关系性动机对供应商可持续遵守与承诺影响的总和与工具性动机的总体影响程度相当,但关系型动机对可持续承诺的影响相对较大。此外,三种动机中只有道德性动机能够抑制供应商机会主义行为,关系性动机对供应商机会主义行为没有影响,而工具性动机很有可能会诱发供应商机会主义行为。

由此可见,道德性动机比关系性动机与工具性动机更能有效地驱动供应商可持续实践,尤其是道德性动机能有效促成可持续承诺。工具性动机是企业可持续实践最通常的考虑,可以有效地促成供应商可持续遵守,但无法有效驱动可持续承诺。因此,仅靠工具性动机与关系性动机还不足以有效驱动供应商可持续实践行为,需要激发道德性动机。

三、动机、障碍如何通过道德推脱诱发供应商机会主义行为

供应商可持续实践过程中会遇到多种外部障碍与内部障碍,外部障碍不仅会直接诱发供应商机会主义行为,还会通过道德推脱的中介间接引发机会主义行为,且通过道德推脱的间接影响比直接影响大得多;可持续实践

内部障碍只能通过道德推脱才能引发供应商机会主义行为。通过比较外部障碍与内部障碍的影响大小可知，外部障碍对供应商机会主义行为的影响程度比内部障碍的影响要大得多，说明外部障碍更易诱发供应商机会主义行为；计算可持续实践障碍的直接影响与通过道德推脱的间接影响大小可知，可持续实践障碍对供应商机会主义行为的直接效应远远小于通过道德推脱中介后的间接效应。

可持续实践障碍通过道德推脱的中介诱发供应商机会主义行为会受到供应商可持续实践动机的调节。其中，道德性动机会抑制道德推脱机制，而工具性动机会强化道德推脱机制。

由此可见，因为外部障碍会直接诱发供应商机会主义行为，如果需要阻止供应商机会主义行为，则需要重点关注可持续实践外部障碍；在道德推脱机制的开脱下，供应商才会"理直气壮"采取机会主义行为，因此阻断道德推脱作用途径才能有效阻止供应商机会主义行为；而道德性动机可以抑制道德推脱发生作用、工具性动机会强化道德推脱的作用，因此，抑制供应商工具性动机的同时激发供应商的道德性动机是阻断供应商机会主义行为的关键。

四、供应链关系不对等如何影响供应商可持续实践

第六章研究发现不仅供应链所处地位会通过影响工序贸易公正性，进一步影响供应商社会责任，而且供应链主导企业也会主动使用权力来推动可持续供应商管理，进而促进供应商提升可持续绩效。

研究发现，强制权力的使用比奖励权力的使用更有助于主导企业推行可持续供应商管理。因此在实际可持续供应链管理中，主导企业会更倾向于使用强制权力推动可持续供应商管理。然而，我们的研究还发现，强制权力的使用会减弱供应商的公平感知，奖励权力的使用能够增强供应商的公平感知，而供应商公平感知能强化主导企业对供应商可持续绩效的影响程度。因此，主导企业在运用强制权力时需要小心谨慎，以防损害供应商公平感知。第六章IPMA结果表明奖励权力的使用对供应商可持续绩效的总效应要远大于强制权力的效果。如果主导企业更多地采用奖励措施，则可以改善供应链关系，从而提升主导企业可持续供应商管理的效果。由此可见，主导企业在推行可持续供应链管理的过程中可以更多地采用奖励措施。

研究表明，全球供应链分工地位对企业工序贸易感知三个维度均有显著的正向影响，而工序贸易公平感知的三个维度对企业社会责任不同维度均有着显著影响，其中分配公平的影响最大。因此，不管是出于供应链可持

续治理的需要,还是对自身的可持续风险的规避,供应链主导企业都希望供应商能承担相应的社会责任。因此,主导企业如果能与供应商沟通、传递可持续信息、尊重供应商的意见、做到程序公正与公开、充分考虑分配结果的公平性,则有助于合作企业提升承担社会责任的能力与意愿。

五、研究发现总结——需要治理机制创新才能解决的问题

(一) 如何才能促进供应商承诺可持续实践

供应商可持续遵守只能符合最低的可持续标准,无法全面提升供应商可持续绩效。供应商只有超越可持续遵守,真正做到可持续承诺,致力于可持续实践,才能解决供应链可持续问题。现有的经济激励型与命令控制型措施对供应商可持续遵守有着显著的效果,但是无法促进供应商承诺可持续行为。因此,需要治理机制创新才能促进供应商可持续承诺。

(二) 如何激发供应商的道德性动机

工具性动机是供应商可持续实践最通常的考虑,但是工具性动机仅对可持续遵守有效,无法促进供应商可持续承诺。道德性动机比工具性动机更能有效地驱动供应商可持续实践,尤其是道德性动机能有效促成可持续承诺。因此,仅靠工具性动机不足以有效驱动供应商可持续实践行为,需要激发道德性动机。现有的经济激励型措施能有效激发供应商的工具性动机,但是对道德性动机无明显的效果。因此,需要治理机制创新以激发供应商道德性动机。

(三) 如何阻断道德推脱发挥作用

供应商机会主义行为是可持续供应链管理中最容易出现的问题,在面临多种可持续实践障碍时,供应商会启用道德推脱来为自己的机会主义行为辩解。如果能够阻断道德推脱发生作用,则能有效阻止供应商机会主义行为。道德推脱是一种隐性的心理说服过程,现有的经济激励型与命令控制型措施无法阻断这种心理辩解,需要依据行为经济学的理论才能实现治理机制创新。

(四) 如何提升供应商的公平感知

可持续供应链管理是主导企业推动与供应商响应的一种互动过程,这一过程中供应商的公平感知会显著影响供应商所愿意承担的社会责任。如何提升供应商的程序公平、互动公平与分配公平感知水平,仅依靠现有的经济激励手段与命令控制手段还远远不够,需要更多的治理措施创新。

为了解决上述四个问题,我们在第二节中先阐述供应商可持续实践治理机制创新所能依据的理论,在第三节中阐述可以用来解决这四个问题的具体措施。

第二节　供应商可持续实践治理机制创新研究的理论基础

顺从策略和影响策略是影响行为研究的两个方面,顺从策略偏向于研究个体间的影响行为,而影响策略偏重于组织间的研究。机制 2017 年诺贝尔经济学奖得主塞勒基于有限理性的"助推"机制,被认为是继科层、市场、网络和说服之后的第五种治理模式,是除命令型与市场型以外的第三条路(何贵兵等,2018),不采用强制的方式,而是以温和的方式巧妙改变选择项目和选择动机,引导人们优化选择。可持续供应链管理从某种程度上说是一种影响与顺从的过程,其中供应链主导企业推行可持续供应链管理,是一种影响;供应商遵守可持续准则,是一种顺从。主导企业推行可持续准则,仅仅依靠经济激励与命令控制手段还不够,还需要"助推"干预软措施搭配使用,起到四两拨千斤的作用。因而顺从理论、影响理论、"助推"理论对供应商可持续实践治理机制创新的研究有着重要的理论借鉴意义。

一、顺从理论

顺从是一方遵守或服从那些出于短期利益原本不会照做的指令或要求的倾向,是一种对特定要求的响应与默从。首先,顺从意味着有遵守的倾向;顺从反应并不是本意,在某种程度上还可能与原本利益相冲突;顺从损害的只是短期利益,应该存在某种利害关系,使得一方愿意牺牲眼前利益来顺从而不是拒绝另一方的要求。

现有的研究一直在关注人们为何履行那些会损害其自身利益的要求。这些研究把顺从的前因变量归为三类:一是情境变量,如在高压下虚假供状(Gudjonsson and Sigurdsson, 2007)、权力下的好人变恶魔;二是个性特征变量,如焦虑、低自尊、愤怒与偏执会导致顺从行为,内向的人更容易屈服于压力而顺从;三是社会影响策略(Rhoads and Cialdini, 2023),如互惠、社会证据、承诺与一致性、稀缺性、权威性、熟悉并相似。

可持续供应链管理中供应商的遵守行为与顺从的内涵相一致。当供应链主导企业向供应商颁布可持续准则、推行可持续计划时,供应商有顺从的倾向,但原本并不想实施可持续计划,因为遵守可持续准则需要额外支出,损害了短期利益,可是考虑到长期的合作关系以及长期受益,供应商还是愿意遵守主导企业推行的可持续管理。因此,关于顺从前因的研究将直接为探讨供应商遵守决策的影响因素提供理论支撑。

二、影响理论

影响理论(influence theory)旨在寻找各种影响策略以引导企业间的顺从行为(Frazier and Rody, 1991;Payan and McFarland, 2005),主要涉及以下三个研究方向。

(一)影响策略的类型

在"影响—顺从"这一过程中,试图施加影响的企业被称为源企业,而被影响企业,也就是遵守方,被称为目标企业(Payan and McFarland, 2005)。弗雷泽和萨莫斯(1986)把影响策略分为强制性影响策略与非强制性影响策略。其中非强制性影响策略有三种:①要求,源企业告知目标企业希望其采取某种行动,但不提也会直接暗示目标企业顺从或不顺从会有什么后果;②推荐,源企业预言如果目标企业采纳其关于某种行动的建议,将会获得更多的收益;③信息交换,源企业与目标企业只是谈论一般商业问题与经营哲学而不涉及其希望目标企业如何做。强制性影响策略也有三种:①威胁,源企业向目标企业传达这样的信息,如果目标企业不按照源企业的期望去做,将会受到惩罚;②法律要求,源企业声称具有法律效力的合同或协议规定需要目标企业顺从;③承诺,源企业保证如果目标企业遵守其要求,将会给予确定的奖励。影响策略分成直接策略与间接策略,直接策略包括要求、承诺、威胁与法律要求,旨在直接改变目标企业的行为,却很少关注目标企业的看法;间接策略包括信息交换与推荐,旨在改变目标企业的看法,进而改变目标企业的行为。

(二)影响策略的前置因素

影响策略的前置因素包括权利基础(Frazier and Rody, 1991)、依赖/相互依赖(Keith et al., 1990)。权力基础(也称为权力来源)是一个企业改变另一个企业行为的能力。企业所拥有的权力基础不同,可以选择的影响策略也不同。通常,信息权力与"信息交换"影响策略相联系,法定权力与"法律要求"影响策略相联系,而拥有专家权力的买方更倾向于采用"推荐"影响策略。此外,权力基础影响着企业采用影响策略的类型。一般情况下,只有拥有权力的企业才能有效地使用非强制性影响策略。弗雷泽和罗迪(1991)研究发现拥有权力的企业首先会采用非强制性影响策略,同时也可能会阻止其他企业采用强制性影响策略。依赖是影响策略的另一个重要的前置因素,研究发现依赖显著影响目标企业的顺从行为。依赖性的目标企业更可能对源企业的要求做出积极的应对(Keith et al., 1990)。而且,目标企业的依赖程度与源企业采用强制性影响策略的频率负相关(Frazier and Rody, 1991; Payan and McFarland, 2005)。

(三)可持续供应链管理导向的影响策略

在可持续供应链管理中,拥有权力的主导企业可以选择采用多种影响策略影响供应商的遵守意愿与遵守能力。主导企业可以采用强制性影响策略直接给供应商施压(Frazier and Rody, 1991),迫使供应商进行可持续专用性投资,进而增强遵守能力。供应链主导企业通过向供应商强调不遵守可持续准则的严重后果或者遵守后的收益来影响供应商。例如,供应链主导企业可以威胁供应商,如果不遵守可持续管理,将会失去未来合作的机会;也可以向供应商强调,如果不遵守可持续准则将违反法律规定;主导企业还可以承诺供应商,如果达到可持续准则的规定,将会获得更多的订单或得到更高的价格。本研究将分析威胁、法律要求与奖赏承诺等强制性影响策略对供应商遵守能力的影响。

供应链主导企业还可以采用非强制性影响策略来改变供应商关于可持续发展的认知与态度进而提升遵守意愿。主导企业采用非强制影响策略是通过劝说而不是强制来影响供应商(Payan and McFarland, 2005)。例如,主导企业只是向供应商表示希望他采用可持续准则,不提及任何遵守或不遵守的严重后果;也可以与供应商交流可持续供应链管理的动机、收益等相关信息,使供应商认识到可持续供应链管理的重要性;主导企业还可以向供应商推荐切实有效的可持续计划。本章将分析要求、信息交流及推荐等非强制性策略对供应商遵守意愿的影响。

根据影响理论,主导企业的权力来源不同,可以采用的影响策略也不同。依赖程度不同,主导企业采用的影响策略也不同。通常情况下,源企业与目标企业之间的相互依存度越高,源企业越可能采用非强制性影响策略(Frazier and Summers, 1986; Frazier and Rody, 1991)。

三、"助推"理论

(一)"助推"理念与特点

助推(nudge)的本意是"用胳膊肘或身体其他部位轻推别人,以提醒或引起别人注意",塞勒和桑斯坦(2008)把 nudge 界定为"在不禁止任何选项、不显著改变其经济诱因的情况下,通过改变选择架构(choice architecture)使得人们的选择行为发生预期改变"的行为干预措施。这种干预方法也被称为"自由式专制"(libertarian paternalism)或"自由家长制"。助推是命令型规制和激励型经济手段之外的社会治理的第三种机制(何贵兵等,2018),以"行为的市场失灵"为逻辑起点,遵循"自由家长主义"理念,避免了单纯的家长制或自由主义的缺陷,既非"胡萝卜"也非"大棒"(李纾,2016),不限制选择自由,不利用经济杠杆,也不诉诸命令和指导,而是通过提供适宜的选择架构,使人们的行为朝着预期方向改变(Thaler and Sunstein, 2008)。

助推干预措施必须是非强制的,且易于避免、成本低廉。助推工具既不通过增加成本与选择的难度限制某些选项,也不显著改变经济诱因激励某些选项。在设计助推干预措施时,除了是备选方案使替代方案在财务或经济上更昂贵外,不应该增加额外的时间成本、麻烦或社会制裁。

助推干预工具无须督促行为人投入时间与精力来理性思考决策问题,也不需要依赖行为人的读写能力、计算能力与自律能力,通常行为人在无意识中就选择了推荐的行为。助推干预措施并不会刻意纠正人们在判断与决策中的认知偏差,相反"助推"干预措施的设计强调认知偏见在人类决策中的核心作用,并充分利用这些偏见或缺陷。助推措施通过决策线索的细微改变来激活决策的无意识思维过程。根据双重加工理论,行为个体与所处环境之间存在无意识的互动过程,针对这一特征,助推工具只需对行为人所处的物理环境与社会环境做出细微的改变,利用系统1的自动、无意识、被动的决策过程,就可以使人们的选择行为朝着预期的方向改变。

助推措施干预行为的目的明确且效果可以预见。精心设计的助推措施通过微妙地改变决策环境中的物理与社会线索,能够可预见性地改变人们的行为。大量的研究表明助推措施有效,但是效果是否持续有待进一步验证。助推措施效果的持续性是助推设计者需要充分考虑的难点。

近年来,助推的理念和方法受到学术界和政府的广泛关注。英国、美国、荷兰、新加坡、澳大利亚等国家均已成立或筹备成立由政府直接领导的助推小组,着力于设计行为转变工具箱,有效地帮助政府和各类组织制定和实施公共政策。大量实证研究发现,助推方法在健康、环保、社会保障、教育、公益慈善等领域均能发挥有效作用(Benartzi et al., 2017);世界银行《2015年世界发展报告:思维、社会与行为》也强调了助推在政策制定与推动社会发展中的重要作用,总结了助推方法在消除贫困、促进健康、应对气候变化等问题上的措施与效果。2017年,助推理论的开拓者塞勒教授被授予诺贝尔经济学奖,进一步推动了助推研究的深入。国内学者也开始关注助推工具如何解决个体行为的市场失灵问题、促进消费者新能源汽车购买意愿(杨珂欣等,2023)、促进居民垃圾分类(凌卯亮和徐林,2023)、帮助居民戒烟(张宁和王安然,2023)以及如何提升公共政策有效性(代志新等,2023)。

(二)"助推"工具类型

塞勒和桑斯坦(2008)把助推干预工具分成四种类型:改变标准选项、改变物理环境、提供纠正冲动选择的机会、提供选择结果的反馈。布吕芒格尔和巴勒斯(2012)提出了六种助推准则,即激励、默认、凸显和震撼、规范和信息、启动、承诺和自我。多兰等(2012)将助推方法分为信息支持、改变诱因、规范参照、默认选项、凸显、启动、情绪、承诺与自我形象等多种类型。霍兰茨等(2013)把"助推"工具分成三类:改变刺激的性质、改变刺激物的位置、伴随刺激。汉森和叶斯帕森(2013)从有无意识与是否透明两个维度把助推工具分成四类:透明-有意识、透明-无意识、不透明-有意识、不透明-无意识。豪斯等(2013)从以下四个维度对助推措施进行分类:助推干预工具可以用来促进自控行为,也可以用来鼓励某种期望行为;可以通过外部推动,也可以是自我推动;可以是有意识的,也可以是无意识的;可以是鼓励某种行为,也可以是劝退某种行为。英国行动洞察小组则把助推措施分成信息、激励、规范、默认选项、凸显、情感、启动、承诺与自我等九类(Dolan et al.,2010)。汉森和叶斯帕森(2013)从是否有意识与是否透明两个维度,把助推分成四类:透明Ⅰ型、透明Ⅱ型、不透明Ⅰ型与不透明Ⅱ型。

对于透明Ⅰ型助推,干预措施并不需要启动系统2[①]的反思思维来促成行为的改变。干预过程中,被助推者也会启动反思思维,但只是用来重构助推的目标和手段。透明Ⅰ型助推工具通过激活本能的自动反应,或通过激活习得反应,或以被助推者一定能注意到的方式改变默认选项,以此促成行为的改变。对于透明Ⅰ型助推工具,被助推者刚开始可能无法避免行为干预,但干预是透明的,干预的意图与手段显而易见。

透明Ⅱ型助推干预工具启用反思系统2,被助推者容易推断改变行为背后的动机及改变行为的方式。此类助推的目的与手段对干预对象来说显而易见,如果他们自己不想改变行为,完全可以避开助推干预。透明Ⅱ型助推干预工具通过凸显决策相关信息、特定的行为、特定的偏好、行为结果,或实时向社会公开行为来促进行为人及时做出正确决策,或通过默认选项设置、承诺、社会规范等提醒行为人做出与内在价值观、自我形象、长期偏好相一致决策。

[①] 系统2:需要费脑力的大脑活动,大多与主观体验相关联,需要个体集中注意力。

不透明Ⅰ型助推工具不需要启动系统2的反思思维来促成行为的改变，对被助推者来说，此类助推工具不透明，其助推的目的与手段也不会被识破。此类助推工具可以用来改变人们的自动行为与习惯性行为。

不透明Ⅱ型助推工具需要启动系统2的反思思维来促成行为的改变，但是反思思维并不能让被助推者重构助推干预的真正目标和手段。此类助推工具通过框架效应巧妙地引导人们的决策。例如，在引导病人选择治疗方案时，巧妙的语言框架会向系统1自动思维传输情感联系、所在类别及相关关系，而这些情感、类别及关系被提交给系统2，成为反思思维的决策前提。很显然，用这种微妙的框架来影响人们的决策，只有非常谨慎或多疑的人才能感知到这种影响。与透明Ⅱ型助推工具不同，并不需要被助推者意识到干预的存在，非透明Ⅱ型助推工具也能启动系统2做出所期望的决策。

第三节 供应商可持续实践治理助推机制创新

主导企业可以采用开发型与监管型两类供应商可持续治理措施来推动可持续供应链管理、提升供应商可持续绩效，但治理效果取决于供应商如何应对。只有供应商克服了机会主义行为、超越可持续遵守、真正做到可持续承诺，才能切实提升供应商可持续绩效。根据本研究前五个模块的实证结果，从主导企业视角，采用开发型措施更能激发供应商可持续承诺、抑制机会主义行为，在推行可持续供应链管理的过程中需要谨慎使用强制性权力，更多地使用奖励性权力，做到程序公平与分配公平；从供应商视角，需要充分调动道德性动机，克服多种可持续实践内部与外部障碍。因此，本节将基于上一节的顺从理论、影响理论与行为经济学助推理论设计助推措施，以促进供应商可持续遵守与承诺、抑制供应商机会主义行为。

一、社会规范助推供应商可持续准则遵守

（一）助推供应商可持续遵守的社会规范类型

社会规范是指关于他人行为或他人不认可行为的相关信息。社会规范可以被描述成社会导航型工具(Morris et al., 2015)，在决策中引导个体按照社会认可的方式行动。在社会心理学领域，社会规范指一个群体中被成员所接受的行为标准和规则，不需要法律法规就能指引或约束人的行为。遵从社会规范并不会涉及认知过程，仅仅是自动的模仿行为，观察到他人的

行为就能激发行为的心理表征,而不需要意图的调节。社会规范能在不知不觉中影响人类行为,基于社会规范的行为干预措施成本低、易实施。主导企业在推行可持续准则时可以通过向供应商展示其他同类供应商的通行做法来传达社会规范。

社会规范有两种类型,一种是指令性规范(injunctive norms),指出什么是被人们赞同或者是不被赞同的行为,以及别人觉得你应该做什么或者不应该做什么。指令性规范反映的是被相关其他人认可的行为,如群体规范、社会目标(Joo et al., 2018)。另一种是描述性规范(descriptive norms),指出具体行为的普遍做法,也就是别人一般怎么做,如社会比较、家庭能源报告。研究表明遵从社会规范受动机驱动,遵从指令性规范背后的动机是人际目标,是为了赢得社会认可;而遵从描述性规范背后的动机是为了实现内心想做出正确决策的目标(Jacobson et al., 2015)。第三章研究表明工具性动机、关系性动机与道德性动机均能促进供应商可持续遵守。主导企业可以采用指令性社会规范来助推供应商可持续遵守。例如,主导企业可以向供应商明确指出在整个供应链中所有的参与者都认为应该遵守可持续准则,或者向供应商说明政府部门或非政府组织都在推行此种可持续准则,以此激发供应商的可持续实践的关系性动机、助推供应商可持续遵守。主导企业还可以采用描述性社会规范来助推供应商可持续遵守。具体来说,主导企业在推行可持续准则时可以同时向供应商描述同类供应商一般的做法,还可以重点介绍优秀供应商的做法,以此激发供应商可持续实践的道德性动机。

(二)助推供应商可持续遵守的社会规范传达方式

社会规范的传达方式有显性与隐性两种,显性方式通过公开展示别人行为或别人的不认可来传达社会规范;隐性方式通过环境中微妙的线索暗示他人的行为或不认可。显性传达社会规范主要通过提示性语言及其他反馈形式传达他人的行为,典型的例子是反馈计算处理过的信息。例如,在楼梯张贴"超过90%的时间,这栋楼的居民不使用电梯而走楼梯"的规范信息比张贴"走楼梯比乘电梯运动量更大"的健康信息,更能促进人们走楼梯。主导企业在向供应商颁布可持续准则时可以同时在醒目的位置印上"超过80%的企业已采用此准则"的社会规范信息。

隐性传达社会规范主要通过情景暗示(environmental cues)影响行为,如初始环境设定。当人们进入公共卫生间时灯是关着的,离开时也更倾向于关灯。如果学生进入机房使用计算机时计算机是关着的,那么更多的学生离开时也会关机。在这种情况下，初始状态通过显示别人怎么做隐性传达了社会规范。主导企业可以带领供应商参观可持续实践优秀企业，或者在企业家年会等场合邀请可持续实践的优秀企业介绍本单位ESG做法，让供应商切身感受到可持续实践环境以此隐性传达可持续实践社会规范。

遵从显性规范背后的动机是赢得他人的认可，而遵从隐性规范只是潜意识的模仿。显性规范需要显性传达，人们往往会更关注发布者而不是规范本身，因此谁来发布就很重要，会影响接受度。主导企业在推行可持续供应链管理时，可以邀请行业领头企业或权威专家来传达可持续准则相关的社会规范。隐性规范不同，人们不会寻找传达者，隐性传达主要通过环境暗示，对行为的影响是自动的、无意识的过程，一般不易引起被干预者的反感，影响更显著、程度更大。显性传达主要通过提供对比信息，有着明确的信息发送者，容易被认为是有人试图改变我的行为，因而会导致心理抗拒与反从众性。因此，主导企业应尽量采用隐性的方式来传达可持续实践的社会规范。

二、信息助推供应商可持续实践

信息助推是通过环境与社会责任信息披露、信息凸显、信息可视化、信息警告等方式来激发供应商对环境与社会的责任感、内疚、自豪感等，进而驱动供应商承担环境与社会责任。

（一）信息助推供应商可持续实践的作用机制

信息助推通过披露可持续实践相关信息，凸显决策中可持续问题，用图片、粗体字与鲜艳的颜色来可视化可持续信息，用鲜活的社会责任缺失事例来警示供应商，以此激发供应商内疚、责任感、同情等情感，进而唤醒供应商内在的可持续动机，促进供应商可持续实践。具体的作用路径如图7-1所示，信息助推是通过可持续信息披露、可持续信息凸显、可持续信息可视化、可持续信息警告等方式激发个体的环境责任感、内疚、自豪感等，进而唤醒供应商的持续实践关系性动机、道德性动机与工具性动机，以此驱动供应商可持续实践。

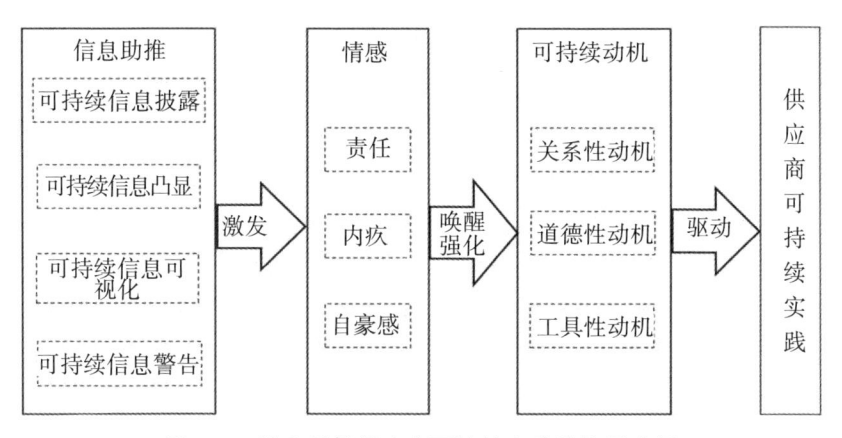

图 7-1 信息助推供应商可持续实践的作用路径

(二) 信息助推的方式

1. 可持续相关信息披露

可持续供应链管理强调经济、环境与社会三个层面的同步发展,供应商可持续实践过程中涉及众多问题:工作条件、环境问题、企业社会责任、低工资、人权、童工、可持续发展、健康与安全、强制劳动、血汗工厂、伦理、贿赂、再循环利用、浪费、空气污染、水污染、工作时间。供应商承担环境与社会责任会产生额外的成本,但从长期来看,可持续实践的收益更大。具体来说,供应商改善工作条件、关爱企业内部员工会增强员工凝聚力;供应商从事慈善活动、承担社区责任等可以提升产品的社会认知度、减少宣传与公关费用;供应商减少资源利用与环境污染等可以为自身树立良好的企业形象、提升企业声誉。总体来说,供应商承担环境与社会责任会改善其与员工、政府与公众的关系,进而可以增强企业的竞争力,促进企业的可持续发展。供应商可持续实践活动的长期利益显而易见,但是受限于可持续实践障碍,供应商短期内考虑更多的是可持续实践的成本。主导企业在推行可持续供应链管理时,可以向供应商展示企业承担环境与社会责任可能产生的收益,着重强调可持续实践活动所带来的与员工、政府、公众之间关系的改善,从而激发供应商可持续实践的关系性动机与工具性动机,以此助推供应商可持续实践。

2. 可持续信息凸显

供应商在日常经营决策以及在与供应链主导企业的关系决策中,产品、生产、销售与财务等经济层面的问题等更易进入决策范畴,而环境与社会责任问题会被掩盖,产生凸显与现时偏差。因此,只有纠正这种偏差,才能提升可持续实践活动决策的有效性。通过实时凸显可持续相关信息,可以促使供应商更关注环境与社会问题,可以克服其他决策维度凸显偏差。实际上,任何行为决策都会涉及成本与收益、便捷性、风险及对环境与社会的影响等多个层面,如果能够凸显环境与社会问题,自然可以唤醒供应商可持续实践的道德性动机,提升可持续决策的有效性,促成可持续遵守与可持续承诺。

3. 信息可视化

视觉再现比纯粹基于语言的描述更能影响人们的决策(Hollands and Marteau, 2013)。用粗体印刷或图片来突出决策中涉及的环境与社会问题,能够促成环境友好行为(Kahneman, 2011)与对社会负责任的行为。主导企业在推行可持续供应商管理时,可以向供应商推送ESG推广图片、环保宣传册及社会责任相关活动素材,带给供应商可持续相关信息的视觉冲击,强化供应商的可持续实践道德性动机,促使供应商更好地承担环境与社会责任。

4. 信息警告

企业社会责任缺失可能导致负面社会声誉、法律诉讼、监管处罚以及员工和客户的流失。如果社会责任缺失风险比较严重,信息警告就是比较好的助推工具。人们通常会受到新奇的、与某个人相关的、鲜活事例的影响,如果用已发生的危险事例警告行为人,则会引起行为人内心的震撼,激发的情感联系能够有效地推动个体的决策和行为朝着特定的方向发展。大字体、粗体和鲜艳的颜色可以有效地引起人们的注意,都可以用来警告人们关注重要信息。注意力是一种稀缺的资源,警告可以让人们关注到重要的事实。警告可以降低人们不切实际的乐观倾向,同时增加人们关注长期问题的可能性。图片警告是十大最有效的助推措施之一(Sunstein, 2014)。主导企业在推行可持续供应商管理时,可以召集供应商代表召开可持续准则推介会,在会上用鲜活的事例警示供应商,如×××毒奶粉、×××毒地块等,以此激发供应商内在的道德性动机,抑制供应商机会主义行为。

三、改变可持续问题框架

框架效应,是指人们对于客观上相同的问题的不同描述,会产生不同的判断与决策(Tversky and Kahneman, 1991)。一些研究已经表明,损益框架、时间框架与计算框架均会影响人们的环境决策行为,均可以用来规避损失厌恶所导致的决策偏差(傅鑫媛等,2019)。

(一)损益框架

损益框架是指对客观上同一个事实描述成收益框架与损失框架,会导致不同的决策判断。例如,对于附加的碳排放费用,同样的收费,描述成"碳排放税"与"碳补偿费",后者更易被消费者接受(Hardisty, Johnson, and Weber, 2010)。在说服别人采取某种新的行为,损失框架的说服效果要显著好于收益框架。采用损失框架,信息传达的是"如果你不这样做,就会面临什么风险或损失",让人感觉到如果不这样做就"亏大了",那么被干预者害怕损失,就会采纳建议;采用收益框架,信息传达的是"如果你这样做,你将得到什么",虽让能受众感知到是"为你好",但是人们往往不领情,不在乎这种不确定的未来收益。

在助推供应商可持续实践时,可以同时采用损失框架与收益框架,从损失与收益两个角度描述可持续问题:采用损失框架,利用决策者损失厌恶的心理,强调机会主义行为会带来负面效果,把机会主义行为的恶劣后果呈现给供应商,通过敲警钟的方式唤醒供应商的恐惧心理,加深供应商的危机意识,达到推进可持续遵守与承诺目的;采用收益框架,利用决策者公平偏好与利他偏好的心理,强调可持续遵守与承诺不仅能提升供应商自身的经济绩效,还有利于改善供应商与公众、政府、员工、买方等利益相关者的关系,以此激发供应商的可持续实践工具性动机、关系性动机与道德性动机。

(二) 时间框架

决策所考虑的时间跨度不同,采用的行为也会不同。环境友好行为的收益是长期的,如果决策考虑的期限短,难免会有偏差。在推广太阳能热水器、光伏屋顶等节能产品时,采用10年框架,可以拉长分担成本的时间。供应商可持续决策所考虑的时间跨度不同,采用的可持续实践行为也会不同。可持续遵守与承诺行为的收益是长期的,成本是即时的,而机会主义行为虽然能带来短期的收益,但未来可能会带来不可预见的巨大成本。如果供应商可持续实践决策考虑的期限短,可持续遵守与承诺的意愿较低,更可能会采用机会主义行为。主导企业在推行可持续供应商管理时,拉长决策时间,可以让供应商看到长远的收益。

(三) 计算框架

计算框架也可以用来助推供应商可持续遵守与承诺。燃油效率如果用"每加仑多少英里"表示,对消费者来说不直观,因而会低估节能汽车的好处。在推广节能汽车方面,计算油耗的框架(每单位里程的用油量)比计算油耗效率的框架(每单位油量的行程数)更易让消费者直观比较不同的车型,更有助于消费者选择节能车型。主导企业向供应商推荐绿色技术或可持续准则时,在计算成本和收益时,应充分考虑供应商比较容易接受的计算方式。

四、改变可持续实践选项设计

(一) 把可持续选项作为默认选项

很多时候,人们决策并不启用系统2,不愿意主动做出选择,只是在无意识的状态下被动选择。针对被动选择这一决策失效,我们可以改变选项设计来助推有益行为,如改变默认选项、选项顺序,以及选项结构化、迫选设计、精简选项、精简维度、提供中间选项等。

默认选项是不需要主动选择就生效的预设选项,是最常用的选项设计。决策个体往往会选择预先设定的选项简化决策过程,通过默认选项,行为人自动加入某项计划或选择所推荐的选项。把有利的选项设置成默认选项,不需要人们主动选择,可以帮助其做出对其自身有益的决策。现有的研究表明,默认选项这一助推工具在医疗决策、公共事业决策、经济决策、环境决策及个人健康生活决策等领域都有显著的效果,不仅能够提升养老金的储蓄率,而且在证券投资、健康生活方式及器官捐赠等领域也很有效(Thaler and Sunstein, 2008)。在环境与能源领域,默认选项也有绿色助推效果,可以促进绿色能源的使用、绿色产品与低能耗产品的购买,也可以促成双面打印及智能电网的使用(Sunstein and Reisch, 2014)。主导企业在推行可持续供应商管理时,可以把可持续遵守或承诺相关行为设为默认选项。

(二) 默认选项的作用机制

供应商选择默认选项看似非理性,实则节约了时间和精力,还可以避开在短期利益与长期可持续目标之间进行权衡。供应商之所以会选择默认选项,是因为现状偏差、损失厌恶与隐性推荐等内在的心理原因。

(1) 现状偏差所导致的决策惯性。个体具有决策惯性,不想费劲思考,不愿主动做出选择,倾向于接受现状(Johnson and Goldstein, 2003),表现出现状偏差(status quo bias)。默认选项这一助推工具正是利用了行为人决策的现状偏差。很多时候,供应商面临多目标决策,往往不愿意费力权衡多个目标,当决策涉及环境问题或道德问题时,更是如此。此时,接受现状或默认的选项推送,不去主动选择,就是最省事的做法。

(2) 默认选项被看成一种"隐性代言"或信息规范(Goswami and Urminsky, 2016),具有提供信息的功能,被看成一种推荐行为。供应商认为,默认选项之所以是默认选项,总有它存在的理由,要么是行业标准做法,要么是行业推荐做法。

(3) 损失厌恶所导致的参照点效应。损失厌恶偏差表明,人们对同等程度损失的厌恶程度远大于对同等程度的收益的满足感。供应商会把默认选项当成参照点,认为默认选项是本该拥有的,偏离默认选项的选择则是一种损失。默认选项起到参照点的作用,对于任何偏离默认选项的行为,人们认为损失比收益更多,这就大大增加了选择默认选项的可能性。研究表明对使用塑料袋收取额外的费用能显著减少其使用,但是如果对使用可重复使用的购物袋给予相同金额的奖励,则不会显著增加其使用。把绿色能源作为预先设置的选项,如果不选,则收取额外的费用,人们因为损失厌恶,则会接受这种预设的绿色选项;把普通能源设置成默认选项,如果改选绿色能源,则给予额外奖励,人们对于同等额度的奖励,不会产生强烈的满足感,因而奖励不会产生显著的激励效果。

(三)默认选型设置的注意事项

默认选项的设置需要把握好尺度。如果默认选项进行了较大幅度的改变,则会引起人们的不适,努力纠正默认选项。研究表明,如果温控器只是下调1摄氏度,就能显著减少能源消耗,人们也不会为此去调整温度设置而如果下调2摄氏度,就会事与愿违,人们就可能会克服麻烦重新调高温度。

默认选项的推动者是否值得信任影响助推的效果(Sunstein and Reisch, 2014)。当决策环境比较复杂,且自身缺乏相关决策经验时,人们愿意相信默认选项,其实是相信推送默认选项的人或机构。

增加透明度会影响默认选项的效果。默认选项直接干预人们的自动性行为,大多数行为人无法感知默认选项背后的干预动机,也不会自主做出选择。因此,如果没有提醒,被助推者很难避免默认选项的干预。如果能够提醒行为人主动做出选择,则可以提升透明度。

五、供应商预先承诺

预先承诺是让人们事先承诺采取某种行动,从而可以避免未来因意志力缺乏而不能控制自己的行为。很多时候,我们有很多想做的事情,会有各种各样的目标,如停止饮酒与吸烟、积极储蓄、健康饮食、适当运动、保护环境等,但是行动总是无法做到。如果人们能够事先承诺加入某种行动项目,如戒烟行动、运动俱乐部等,则有可能按照目标来行动。行动计划越具体、计划的时间越准确,预先承诺越能更好地激发行动、减少拖延。

预先承诺做出环境友好行为改变,可以帮助个体唤醒环境友好意识、提升环境关心、表明环境友好态度、激发环境保护动机,使环境行为与环境认知保持较高的一致性,跨越环境关心—行为缺口、环境态度—行为缺口。

让供应商签署承诺书,承诺从事社会与环境友好行为,如慈善捐款、污染处理、水循环利用、遵守劳工标准等,以此促进供应商采用相应的行为。需要注意的是,预先承诺不能流于形式,更不能引起行为人的反感,自愿参加环境友好行为承诺的效果优于统一派发的承诺。书面承诺的效果优于口头承诺。有研究表明书面承诺比面对面通知、电话沟通与传单通知,更能促进居民参与废旧物品回收项目。

六、简化可持续准则

在很多领域(如教育、健康、金融、贫困与就业等),很多有益的项目无法实施或者大打折扣就是因为项目本身烦琐。很多环境项目没有达到预期的效果,也是因为实施起来太复杂。项目的复杂性一直是困扰可持续供应链管理的问题,可持续项目的复杂性会给供应商带来困扰,一方面是因为成本的增加,另一方是对收益缺乏准确的判断。

一般来说,人们会选择简单的选项。有时人们抵制某种行为,并不是因为不赞成,而是因为感觉到比较困难或觉得行为的结果模棱两可。如果可持续准则项目易于理解,供应商就不需要花费太多的时间来思考。因此,为了鼓励供应商遵守可持续准则,可持续准则需要直观、易于理解、易于实施。

七、诱发供应商可持续实践真实意图

由于供应商日常经营中同时需要考虑原料采购、生产、销售、人事与财务等众多决策,可持续发展目标往往被忽略。有时,供应商未能遵守可持续准则并不是因为不想遵守,可能是因为相互冲突的目标、拖延或财务约束,又或者只是疏忽。更有可能,在复杂的市场竞争中,供应商采用机会主义行为来摆脱短期的困境。如果能够诱发供应商内在的可持续实践动机,无论是道德性动机,还是工具性与关系性动机,均可以助推供应商可持续遵守与承诺,抑制供应商机会主义行为。

此时,只需要"提示选择",简单询问供应商是否要选择可持续性行为,并不要求其立即选择,提醒就非常有效。提醒可以是强调供应商的可持续发展价值定位,也可以是通过提醒激发决策者内在的价值观。提醒是指通过电子邮件或短信等提醒供应商需要采取某种行动或从事某个行为,如是否进行慈善捐款。提醒的时机非常重要,要确保供应商在看到提醒后能够立即采取行动。

第四节　供应商可持续实践障碍治理措施优化决策

一、供应商可持续障碍治理措施优化决策"质量屋"

供应商在可持续实践过程中会遇到多种困难,所处经营环境不同,面临的障碍也不尽相同。面临多变的国内国际形势,加上黑天鹅事件,而且在复杂的全球供应链中,面临的障碍会动态变化,主导企业需要识别出供应商可持续实践面临的主要障碍,找出与之相匹配的治理措施,借鉴QFD(质量屋)决策方法制定出供应商可持续实践障碍治理组合策略。

QFD是一种系统性的决策技术,原本用于顾客需求为导向的产品开发。根据QFD的决策步骤,首先,通过市场调查、小组讨论意见、实地观察等方式了解顾客对产品有哪些需要并评定这些需求的相对重要程度;接着,明确企业可以实施的工程措施并确定各项措施的相关程度;然后,采用矩阵描述各项措施与顾客各种需求之间的相关关系;最后,评估各项措施的重要度并找出关键措施。根据QFD系统决策法,构建如图7-2所示的"质量屋",优化供应商可持续治理措施组合。

二、供应商可持续实践障碍治理措施优化组合决策步骤

依据QFD决策,采用五步骤,全面把握供应商可持续实践障碍、优化供应商可持续实践治理措施组合。

步骤一:列出可持续实践障碍并确定其权重

不同国家或地区的供应商所处的经济、文化与法律环境不同,供应链主导企业在推行可持续供应链管理时,需要明确供应商可持续实践过程中面临哪些障碍。依据现有关于可持续实践障碍的研究成果(见本书第四章),对供应商可持续实践过程中的障碍进行实地考察,期间可对供应商的总经理、各部门经理与普通员工进行半结构式访谈,请他们描述可持续实践过程中遇到的各种障碍,由此列出所有可持续实践障碍(B_i),填入决策"质量屋"的"左墙"的第一列。与此同时,邀请可持续管理专家与企业运营管理者对各种障碍的轻重缓急进行评估,采用AHP(层次分析法)确定各类可持续实践障碍的权重(W_i),填入决策"质量屋"的"左墙"的第二列;也可以采用Fuzzy-DEMATEL的关键因素分析方法(见本书第四章)识别供应商可持续实践关键障碍、分辨原因障碍与结果障碍。

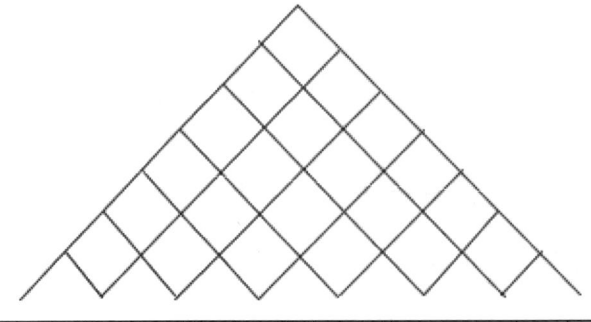

	重要度	措施 S_1	措施 S_2	措施 S_3	措施 S_4	措施 S_5	措施 S_6	措施 S_j	现有做法	改进措施	同行措施	标准要求
障碍 B_1	W_1	R_{11}						R_{1j}				
障碍 B_2	W_2											
障碍 B_3	W_3											
障碍 B_4	W_4											
障碍 B_5	W_5											
障碍 B_i	W_i	R_{i1}						R_{ij}				
		市场型 S_1	市场型 S_2	命令型 S_3	命令型 S_4	助推型 S_5	助推型 S_6	治理措施 S_j	可持续竞争力指数			
治理措施重要度 AI_j												
治理措施竞争力	现有措施								治理措施竞争力指数			
	改进措施										
	同行措施										
	标准要求										

图 7-2　供应商可持续实践障碍治理措施组合优化决策"质量屋"

步骤二：确定克服障碍的可用措施并明确其相关性

第二章研究结果表明供应链主导企业推行的可持续供应商监管与开发两类措施均能有效提升供应商可持续绩效，但治理效果不尽相同。根据本书前几章的实证分析结果，结合现有文献（Chowdhury et al., 2023），本研究列出了可供使用的可持续实践障碍治理措施，如表 7-1 所示。步骤二就是邀请可持续供应链管理专家与供应商各部分管理者一起明确本企业可以采用的克服可持续实践障碍的具体措施（S_j），填入决策"质量屋"的天花板，确定各项措施的相关程度，填入决策"质量屋"的屋顶。

表7-1　供应商可持续实践障碍治理措施

编号	措　施	描　述
S1	技能培训与开发	对供应商员工进行可持续实践相关技能的培训与开发
S2	可持续意识培养	培养供应商的可持续发展意识
S3	利益相关者参与	利益相关者有着不同的要求,尽早邀请他们参与可持续管理
S4	高管支持与承诺	供应商高管支持并承诺可持续实践
S5	供应链参与者合作	与供应链参与者合作实现可持续目标
S6	社会与环境责任披露	适度实时披露环境与社会责任相关信息
S7	供应商可持续选择	在选择供应商时考虑可持续准则
S8	供应商可持续监管	对供应商进行可持续监督、审核与评估
S9	供应商可持续激励	对供应商可持续行为提供激励
S10	可持续准则遵守	给供应商设定可持续准则,要求供应商遵守
S11	资源效率与废物管理	提高资源的利用效率并进行废物管理
S12	可持续价值认同	在供应链参与者中确立共同可持续愿景与价值体系
S13	产品生命周期管理	实施产品生命周期管理
S14	可持续管理部门设立	设立专门的可持续管理部门,必要时可强制执行
S15	工作环境改善	改善供应商内部的工作环境
S16	精益管理、减少浪费	实施精益生产管理并减少浪费
S17	更新设备与创新技术	持续进行技术创新与设备更新
S18	备用设备与方案	拥有备用设备提高供应链韧性
S19	逆向物流与再制造	构建"资源—产品—再生资源"的闭环型物流系统
S20	再制造	对废旧产品实施高技术修复和改造

步骤三:描绘"障碍-措施"矩阵

在理清供应商可持续实践过程中存在的多种障碍、明确了适合采用的各种治理措施后,采用矩阵描述各项治理措施与供应商可持续实践障碍之间的相关关系(R_{ij})。决策的第三步就是邀请可持续供应链管理专家、环境管理专家、ESG战略专家与供应商各部门管理者对可持续实践障碍治理措施的有效性(R_{ij})进行评估。R_{ij}值(障碍-措施)为"强=9","中等=3","小=1"或"无=0"关系。

步骤四:评估各项措施的重要性

基于R_{ij}值,确定各措施的重要性(AI_j),如下公式7-1所示:

$$AI_j = \sum_{i=1}^{n} W_i \times R_{ij} \qquad (7\text{-}1)$$

步骤五:确定可持续实践障碍治理最优措施组合

在选择最优措施组合时,不仅要考虑措施的重要性,还需要综合考虑措施的实施成本以及财务约束。可以邀请供应商管理决策者对每项措施的实施成本及两项措施同时实施时所能节约的成本进行估算。

采用0,1非线性优化模型选择最优措施组合。共有S_j个措施可供选择,每个措施的重要性为AI_j,每个措施的实施成本为C_j、两种措施同时实施时所能节约的成本CS_{ij},财务预算约束为B,决策变量为:

$$x_i = \begin{cases} 1, \text{决定采用第}i\text{个措施}, \\ 0, \text{决定不采用第}i\text{个措施}, \end{cases} i=1,\cdots,n \qquad (7\text{-}2)$$

最优措施组合应是在财务许可的条件下最大化措施的总有效性,所以这个最优措施组合决策可归结为总财务预算B及决策变量x_i(取0或者1)的限制条件下,极大化组合措施的总重要性,数学模型为:

$$\max f(x) = \sum_{i=1}^{n} AI_i \cdot x_i \qquad (7\text{-}3)$$

$$\text{S.t.} \sum_{i=1}^{n} c_i \cdot x_i - \sum_{i=1}^{n}\sum_{j=1}^{n} CS_{ij} \cdot x_i \cdot x_j \leqslant B \qquad (7\text{-}4)$$

$$x_i(1-x_i) = 0, i=1,\cdots,n \qquad (7\text{-}5)$$

第五节　本章小结

本章基于顺从理论、影响理论与"助推"理论,充分考虑监管型与开发型两类措施、三种可持续实践动机、供应链关系不对等及多种内部与外部障碍对供应商可持续实践三种行为影响的实证依据,探索了供应商可持续实践治理的"助推"措施,具体包括社会规范、信息助推、改变问题框架、选项设计、预先承诺、简化准则与诱发真实意图等。

针对多种可持续实践内部与外部障碍,本章梳理了多种可持续实践障碍治理措施,借鉴QFD决策,阐述了供应商可持续实践障碍治理措施优化决策五步骤。

第八章 结论与展望

第一节 研究结论

本研究立足于可持续供应链管理的现实困境,把供应商可持续实践作为研究的主要构件,基于281份问卷调查数据,探讨主导企业可持续供应商管理、供应商可持续实践与供应商可持续绩效三者之间的关系及其影响因素,并以实证结果为依据,结合相关理论,提出供应商可持续实践治理的"助推"措施,研究发现:

(一)主导企业供应商可持续管理通过供应商可持续实践的中介影响供应商可持续绩效

主导企业可以采用可持续监管与开发两类措施来推动可持续供应商管理,其效果取决于供应商如何应对。面对主导企业的可持续管理,供应商可以遵守可持续准则或承诺可持续行为,也可能会采用机会主义行为来应对主导企业的可持续监管。供应商可持续遵守与承诺均能提升供应商可持续绩效,而供应商机会主义行为会降低供应商可持续绩效。具体来说,主导企业的可持续监管与开发两类措施均能促进供应商可持续遵守与承诺行为,且二者对供应商可持续遵守的影响程度相当,但可持续开发比可持续监管对供应商可持续承诺的影响大;供应商可持续遵守与承诺,均能提升供应商的经济绩效、环境绩效与社会绩效,且供应商可持续开发的效果大于可持续监管;此外,主导企业可持续开发能抑制供应商机会主义行为,可持续监管却可能诱发供应商机会主义行为,而供应商机会主义行为会严重损耗供应商的环境绩效与社会绩效。因此,主导企业在推行可持续供应商管理时需要尽可能采用可持续开发。

(二)工具性、道德性与关系性三种动机驱动供应商可持续实践

工具性、道德性与关系性三种动机对供应商可持续遵守、可持续承诺及机会主义这三种供应商可持续实践行为模式有着不同影响:三种动机均能

促进供应商遵守与承诺,工具性动机对可持续遵守的影响较大,道德性动机对可持续遵守与承诺的影响都很大,关系性动机对可持续遵守与承诺的影响相对较小;工具性动机会导致供应商机会主义行为,而道德性动机会抑制供应商机会主义行为。因此,在推动可持续供应链管理时,不能仅仅依靠供应商的工具性动机,只有激发供应商道德性动机才能抑制供应商机会主义行为、真正驱动供应商可持续承诺,提升供应商的环境与社会绩效。

(三)供应商可持续实践过程中存在多种内部与外部障碍

供应商可持续实践过程中会遇到多种内部与外部障碍,且障碍之间存在错综复杂的关系。其中,一些障碍是原因,会导致其他障碍的发生,具体包括缺乏具有相应知识的人力资源、高层管理者之间缺乏共识、员工缺乏绿色供应链管理意识或觉醒、过高的先期投入成本、需要投入相当多时间、不易评估投资环境所带来的利益、缺乏在环保考虑上研究开发的投资;一些障碍为结果因素,受其他因素影响的程度大于影响其他因素的程度,具体包括缺乏供应商的支持与认可、缺乏高层管理者的认同或支持、缺乏对如何评估环境绩效的理解、对相关技术及环保程序缺乏相关信息、本产业具高度成本/利润竞争压力、缺乏相关环境法规的规范、官方对环保法令的执法并不严谨、缺乏产业界的支持、公司财力资源不够、顾客及利益相关者不在意对环境的影响、缺乏对管理者或员工的训练、本产业环保方面的标准不够明确、缺少甚至没有经济利益、缺乏政府或相关非营利机构支持、因为风险所以不愿追求环保上的创新。

综合考虑影响度与被影响度,识别出关键障碍,依次为缺乏具有相应知识的人力资源、过高的先期投入成本、缺乏产业界的支持、缺少甚至没有经济利益、缺乏对管理者或员工的训练、缺乏高层管理者的认同或支持、高层管理者之间缺乏共识、本产业具高度成本/利润竞争压力、顾客及利益相关者不在意对环境的影响、员工缺乏绿色供应链管理意识或觉醒。

(四)供应商可持续实践障碍通过道德推脱的中介诱发供应商机会主义行为

供应商可持续实践障碍与可持续动机通过道德推脱的中介,交互性地影响供应商机会主义行为。具体来说,可持续实践外部障碍会直接导致供应商机会主义行为,而内部障碍不会直接诱发机会主义行为;内部障碍与外部障碍均会通过道德推脱的开脱诱发机会主义行为,且外部障碍通过道德推脱的中介对供应商机会主义行为的间接影响要大于内部障碍的间接效应;道德性动机不仅会直接抑制道德推脱,而且会负向调节内、外部障碍与道德推脱之间的关系,工具性动机会直接激发道德推脱,而且会正向调节外部障碍与道德推脱之间的关系。

(五)供应链关系不对等影响供应商可持续绩效

主观上,主导企业的权力使用会影响供应商的公正性感知,进而影响供应商可持续管理的效果。具体来说,主导企业使用强制权力比奖励权力更能推动可持续供应商管理,但强制权力的使用会减弱供应商的公平感知,而奖励权力的使用能够增强供应商的公平感知;供应商公平感知正向主导企业可持续供应商管理对供应商可持续绩效的影响程度。因此,主导企业要尽可能地使用奖励权力以提升供应商的公平感知。

客观上,供应链所处地位影响双方工序贸易公正性,进而影响供应商可持续绩效。研究表明全球供应链分工地位对企业工序贸易感知三个维度均有显著的正向影响,而工序贸易公平感知的不同维度对企业社会责任不同维度有着不同程度的影响;其中,分配公平的影响最大,自发责任受到的影响最大,而法律责任只受到分配公平的微弱影响;虽然工序贸易公平的三个维度均对经济责任产生影响,但影响程度小于其对伦理责任及自发责任的影响。

(六)"助推"措施可以促进供应商可持续遵守与承诺或抑制机会主义行为

本研究设计了多种助推措施,与现有的可持续供应链管理措施相互补充,能有效推动供应商可持续实践:主导企业在推行可持续准则时可以采用指令性社会规范与描述性社会规范来激发供应商的关系性动机、工具性动机与道德性动机;信息助推是通过环境与社会责任信息披露、信息凸显、信息可视化、信息警告等方式来激发供应商对环境与社会的责任感、内疚、自豪感等,进而驱动供应商承担环境与社会责任;损益框架、时间框架与计算框架均可以用来推动供应商可持续遵守与承诺;主导企业在推行可持续供应商管理时,可以把可持续遵守或承诺相关行为设为默认选项;让供应商签署承诺书,承诺从事社会与环境友好行为,以此促进供应商采用相应的行为;为了鼓励供应商遵守可持续准则,可持续准则需要直观、易于理解、易于实施;"提示选择",简单询问供应商是否要选择可持续行为,也可以有效促成供应商可持续遵守与承诺。

总之,可持续供应链管理的效果不仅受主导企业推行方式的影响,还取决于供应商如何应对,这其中主导企业采用可持续开发的管理方式比监管的方式更能促进供应商可持续承诺并抑制供应商机会主义行为,而可持续承诺最能提升供应商可持续绩效;供应商自身的可持续动机会影响供应商可持续实践,三种动机中,道德性动机最能激发供应商可持续承诺;道德性动机可以抑制可持续实践障碍诱发道德推脱;主导企业可以采用奖励性与强制性两种权力来推动可持续供应商管理,其中,奖励性权力会提升供应商的公平感知,而强制性权力会损害供应商的公平感知。因此,主导企业需要多采用开发型管理措施、善用奖励性权力,以此激发供应商的公平感,促进供应商可持续承诺;需要充分调动供应商道德性动机,抑制供应商的道德推脱与机会主义行为。

第二节 研究局限性与未来研究方向

本研究以供应商可持续实践为核心研究构件,挖掘供应商可持续实践过程中可能遇到的多种内部与外部障碍,探索供应商可持续实践背后的动机,揭示主导企业可持续供应商管理、供应商可持续实践与供应商可持续绩效三者的关系,探索可持续实践障碍、可持续动机、道德推脱、供应链关系不对等对三者关系的影响,提出供应商可持续实践的助推措施,不仅丰富了可持续供应链管理的研究,而且对供应商可持续实践提出了可操作性的指导措施。但本研究仍存在一些局限性,未来可以进一步展开研究。

(一)在可持续供应链管理中融入ESG理念

本研究中可持续供应链内涵的界定主要基于埃尔金顿(2018)经济、环境与社会三重底线,强调经济、环境与社会三个层面的同步发展。近年来,ESG相关研究越来越受学术界的青睐,投资者开始关注企业的ESG信息披露,企业在经营决策中也开始主动融入ESG理念。其中,环境(E)包括气候变化、自然资源、生物多样性、水资源有效利用、能源利用、碳排放强度、环境治理体系等;社会(S)包括机会平等、人力资本、社会影响、健康和安全、顾客与产品责任等;治理(G)包括公司管理架构、员工关系、股东利益保护、股权结构、薪酬及商业道德等。

因此,未来可持续供应链管理的相关研究中可以融入ESG理念。首先,主导企业可持续供应链管理措施需要针对环境、社会、治理三个层面可能产生风险;其次,本研究从环境、社会与经济三个层面测量供应商可持续绩效,虽然兼顾了可持续发展的三个维度,但仍是传统的测量方法,未来的可持续供应链研究中可持续绩效的评价可以采用ESG评价指标,从环境、社会与治理三个维度来测量；再次，可持续实践行为可以进一步细化，从环境、社会与治理三个层面展开；最后，可持续实践障碍也需要从环境、社会与治理三个层面挖掘。

（二）开展供应商可持续实践"助推"措施的实地研究

本研究主要基于实地访谈与问卷调查的数据，分析主导企业可持续供应商管理措施、供应商可持续动机、供应商可持续实践障碍及供应链关系不对等对供应商可持续实践行为及可持续绩效的影响，根据研究结论，基于"助推"理论提出了具体的供应商可持续实践助推措施。本研究的助推措施虽然在可持续供应链管理领域具有创新性，但只是理论层面的建议，并未展开措施有效性的验证。未来的研究可以先采用模拟情境实验研究验证这些助推措施的有效性；进而逐步在可持续供应链管理实践中进行推广，在推广的同时展开助推措施有效性的田野研究；根据田野研究的结果，选择典型企业展开案例研究，开发出可供复制的典型案例。未来的研究不仅有助于推行助推措施，也能弥补本项目研究方法比较单一的局限性。

（三）展开可持续障碍治理措施优化方案的案例研究

本研究不仅梳理了供应商可持续实践面临的内外部障碍与多种可供采用的治理措施，而且阐述了基于QFD决策的治理措施优化决策五步骤，但并未针对具体的企业展开调研，没有收集第一手数据，未能为具体的企业提供障碍治理措施优化组合方案。后续的研究可以选择具体的案例企业，对可持续实践过程中的障碍进行实地考察，邀请企业的总经理、各部门经理进行半结构式访谈，请他们描述可持续实践过程中遇到的各种障碍，由此列出所有可持续实践障碍；在此基础上进一步邀请可持续管理专家与企业运营管理者对各种障碍的轻重缓急进行评估，采用AHP确定各类可持续实践障碍的权重；接着，邀请可持续供应链管理专家与案例企业各部分管理者一起明确本企业可以采用的克服可持续实践障碍的具体措施，确定各项措施的相关程度；然后，邀请可持续供应链管理专家、环境管理专家、ESG战略专家与供应商各部门管理者对可持续实践障碍治理措施的有效性进行评估；最后，评估各项措施的重要性并确定可持续实践障碍治理最优措施组合。

参考文献

[1] 代志新,高宏宇,程鹏.行为助推对纳税遵从的促进效应研究[J].管理世界,2023,39(6):51-77.

[2] 傅鑫媛,辛自强,楼紫茜,等.基于助推的环保行为干预策略[J].心理科学进展,2019,27(11):1939-1950.

[3] 何贵兵,李纾,梁竹苑.以小拨大:行为决策助推社会发展[J].心理学报,2018,50(8):803-813.

[4] 黄庆波,李佳蔚.工序分工视角下我国生产性服务贸易的发展对策[J].国际贸易,2016(7):54-57.

[5] 江怡洒,冯泰文.绿色供应链整合:研究述评与展望[J].外国经济与管理,2022,44(6):135-152.

[6] 凌卯亮,徐林.社会规范策略对居民垃圾分类的助推效应:一个田野实验[J].治理研究,2023,39(1):108-124,159-160.

[7] 陆铭.浦东之路:集聚高端要素,提高全球价值链地位[J].华东科技,2014(11):18-20.

[8] 任胜钢,舒睿.创业者网络能力与创业机会:网络位置和网络跨度的作用机制[J].南开管理评论,2014(1):123-133.

[9] 史永东,王淏淼.企业社会责任与公司价值:基于ESG风险溢价的视角[J].经济研究,2023,58(6):67-83.

[10] 吴定玉.供应链企业社会责任管理研究[J].中国软科学,2013(2):55-63.

[11] 吴群,朱嘉懿.平台型物流企业供应链生态圈可持续协同发展研究[J].中国软科学,2022,(10):114-124.

[12] 杨珂欣,张奇,余乐安,等.基于消费者价值观和有限理性的新能源汽车购买意愿与助推政策研究[J].管理评论,2023,35(1):146-158.

[13] 伊力奇,李涛,丹二丽,等.企业社会责任与环境绩效:"真心"还是"掩饰"?[J].管理工程学报,2023,37(2):1-10.

［14］尹彦罡,李晓华.中国制造业全球价值链地位研究［J］.财经问题研究,2015(11)：18-26.

［15］张宁,王安然.助推戒烟的行为干预策略［J］.心理科学进展,2023,31(4)：684-696.

［16］Acosta, P., Acquier, A. and Delbard, O. Just do it? The adoption of sustainable supply chain management programs from a supplier perspective［J］. Supply Chain Forum: An International Journal, 2014, 15(1): 76-91.

［17］Adegboyega, O., Ying, Y., Adebayo Serge Francois, K., and Nishikant, M. The role of fairness in multi-tier sustainable supply chains［J］. International Journal of Production Research, 2023, 61(14): 4893-4917.

［18］Aguilera, R. V., Rupp, D. E., Williams, C. A. and Ganapathi, J. Putting the S back in corporate social responsibility: A multilevel theory of social change in organizations［J］. Academy of management review, 2007, 32(3): 836-863.

［19］Alghababsheh, M., Gallear, D. and Rahman, M. Balancing the scales of justice: Do perceptions of buyers' justice drive suppliers' social performance?［J］. Journal of Business Ethics, 2020, 163(1): 125-150.

［20］Ameer, R. and Othman, R. Sustainability practices and corporate financial performance: A study based on the top global corporations［J］. Journal of Business Ethics, 2012, 108(1): 61-79.

［21］Ashenfelter, O. and Smith, R. S. Compliance with the minimum wage law［J］. Journal of Political Economy, 1979, 87 (2): 333-350.

［22］Atupola, U., and Gunarathne, N. Institutional pressures for corporate biodiversity management practices in the plantation sector: Evidence from the tea industry in Sri Lanka［J］. Business Strategy and the Environment, 2023, 32(5): 2615-2630.

［23］Bandura, A. Social foundations of thought and action: A social cognitive theory［M］. Englewood Cliffs: Prentice Hall, 1986.

［24］Bandura, A. Moral disengagement: How people do harm and live with themselves［M］. Worth publishers, 2016.

［25］Baron, R. A., Zhao, H. and Miao, Q. Personal motives, moral disengagement, and unethical decisions by entrepreneurs: Cognitive mechanisms on the "slippery slope"［J］. Journal of Business Ethics, 2015,

128(1): 107-118.

[26] Benartzi, S., Beshears, J., Milkman, K. L., et al. Governments Invest More in Nudging?[J]. Psychological science, 2017, 28(8): 1041-1055.

[27] Beske, P. and Seuring, S. Putting Sustainability into Supply Chain Management[J]. Supply Chain Management: An International Journal, 2014, 19 (3): 322-331.

[28] Birnbaum, S. Environmental co-governance, legitimacy, and the quest for compliance: When and why is stakeholder participation desirable? [J]. Journal of Environmental Policy & Planning, 2016, 18 (3): 306-323.

[29] Blumenthal-Barby, J.S., and Burroughs, H. Seeking better health care outcomes: the ethics of using the "nudge"[J]. American Journal of Bioethics, 2012, 12(2): 1-10.

[30] Boyd, D. E., Spekman, R. E., Kamauff, J. W. and Werhane, P. Corporate social responsibility in global supply chains: a procedural justice perspective[J]. Long Range Planning, 2007, 40(3): 341-356.

[31] Brammer, S., Hoejmose, S., & Millington, A. Managing Sustainable Global Supply Chain: Framework and Best Practices[M]. London, Ontario: Network for Business Sustainability, 2011.

[32] Brito, R. P., & Miguel, P. L. Power, governance, and value in collaboration: Differences between buyer and supplier perspectives [J]. Journal of Supply Chain Management, 2017, 53(2): 61-87.

[33] Brown, J.R., Lusch, R.F. and Nicholson, C.Y. Power and relationship commitment: their impact on marketing channel member performance[J]. Journal of Retailing, 1996, 71(4): 363-392.

[34] Cao, Y., Lawson, B. and Pil, F.K. Social sustainability and human rights in global supply chains[J]. International Journal of Operations & Production Management, 2023, 44 (1): 370-390.

[35] Carroll, A. B. A three-dimensional conceptual model of corporate performance[J]. Academy of management review, 1979, 4(4): 497-505.

[36] Chae, S., Choi, T. Y., & Hur, D. Buyer power and supplier relationship commitment: a cognitive evaluation theory perspective[J]. Journal of Supply Chain Management, 2017, 53(2): 39-60.

[37] Chen, Y., Chen, I. J. Mixed sustainability motives, mixed results: the role of compliance and commitment in sustainable supply chain practices[J].Supply Chain Management, 2019, 24(5): 622-636.

[38] Chowdhury, M. H., Rahman, S., Quaddus, M. A., et al. Strategies to mitigate barriers to supply chain sustainability: an apparel manufacturing case study [J]. Journal of Business & Industrial Marketing, 2023, 38(4):869-885.

[39] Clarke, T. and Boersma, M. The governance of global value chains: Unresolved human rights, environmental and ethical dilemmas in the apple supply chain[J]. Journal of Business Ethics, 2017, 143 (1): 111-131.

[40] Crotty, J., and Holt, D. Towards a typology of strategic corporate social responsibility through camouflage and courtship analogies[J]. Corporate Social Responsibility and Environmental Management, 2021, 28(3): 980 - 991.

[41] Davis-Sramek, B., Christopher D. H., Richey R. G. and Morgan, T. R., Leveraging supplier relationships for sustainable supply chain management: insights from social exchange theory[J]. International Journal of Logistics Research and Applications, 2022, 25(1): 101-118.

[42] Detert, J. R., Treviño, L. K., & Sweitzer, V. L. Moral disengagement in ethical decision making: a study of antecedents and outcomes [J]. Journal of Applied Psychology, 2008, 93(2): 374.

[43] Dolan, P., Hallsworth, M., Halpern, D., King, D., Metcalfe, R., & Vlaev, I. Influencing behaviour: The mind space way[J]. Journal of Economic Psychology, 2012, 33: 264 - 277.

[44] Egels-Zandén, N. Responsibility boundaries in global value chains: Supplier audit prioritizations and moral disengagement among Swedish firms[J]. Journal of Business Ethics, 2017, 146(3): 515-528.

[45] Ehrgott, M., Reimann, F., Kaufmann, L. and Carter, C.R. Environmental development of emerging economy suppliers: antecedents and outcomes[J]. Journal of Business Logistics, 2013, 34 (2): 131-147.

[46] Elkington, J. 25 Years ago I coined the phrase 'triple bottom line.' here's why it's time to rethink, Harvard Business Review, 2018.

[47] Falbe, C. M. and Yukl, G. Consequences for managers of using single influence tactics and combinations of tactics[J]. Academy of Manage-

ment Journal, 1992, 35(3): 638-652.

[48] Fida, R., Paciello, M., Tramontano, C., Fontaine, R. G., Barbaranelli, C., and Farnese, M. L. An integrative approach to understanding counterproductive work behavior: The roles of stressors, negative emotions, and moral disengagement[J]. Journal of Business Ethics, 2015, 130(1): 131-144.

[49] Fida, R., Tramontano, C., Paciello, M., Ghezzi, V. and Barbaranelli, C. Understanding the interplay among regulatory self-efficacy, moral disengagement, and academic cheating behaviour during vocational education: a three-wave study[J]. Journal of Business Ethics, 2016, 153(3): 1-16.

[50] Fornell, C. and Larcker, D. F. Evaluating structural equation models with unobservable variables and measurement error[J]. Journal of Marketing Research, 1981, 18(1): 39-50.

[51] Fraj-Andrés, E., Martinez-Salinas, E. and Matute-Vallejo, J. A multidimensional approach to the influence of environmental marketing and orientation on the firm's organizational performance [J]. Journal of Business Ethics, 2009, 88(2): 263.

[52] Frazier, G. L. and Rody, R. C. The use of influence strategies in interfirm relationships in industrial product channels [J]. The Journal of Marketing, 1991: 52-69.

[53] Frazier, G. L. and Summers, J. O. Perceptions of Interfirm Power and Its Use within a Franchise Channel of Distribution[J]. Journal of Marketing Research, 1986, 23(2):169 - 176.

[54] Ganegoda, D.B. and Folger, R. Framing effects in justice perceptions: Prospect theory and counterfactuals [J]. Organizational Behavior and Human Decision Processes, 2015, 126: 27-36.

[55] Gao, J. and Bansal, P. Instrumental and integrative logics in business sustainability[J]. Journal of Business Ethics, 2013, 112(2): 241-255.

[56] Gereffi, G., Humphrey, J., and Sturgeon, T. The governance of global value chains [J]. Review of international political economy, 2005, 12(1), 78-104.

[57] Gimenez, C., and Tachizawa, E. M. Extending sustainability to suppliers: a systematic literature review[J]. Supply Chain Management:

An International Journal, 2012, 17(5): 531-543.

[58] Golicic, S. L. and Smith, C. D. A meta-analysis of environmentally sustainable supply chain management practices and firm performance [J]. Journal of supply chain management, 2013, 49(2), 78-95.

[59] Griffith, D.A., Harvey, M.G. and Lusch, R.F. Social exchange in supply chain relationships: The resulting benefits of procedural and distributive justice [J]. Journal of Operations Management, 2006, 24(2): 85-98.

[60] Grimm, J. H., Hofstetter, J. S. and Sarkis, J. Exploring sub-suppliers' compliance with corporate sustainability standards [J]. Journal of Cleaner Production, 2016, 112: 1971-1984.

[61] Goswami, I., & Urminsky, O. When should the ask be a nudge? The effect of default amounts on charitable donations [J]. Journal of Marketing Research, 2016, 53(5): 829-846.

[62] Gudjonsson, G. H., & Sigurdsson, J. F. Motivation for offending and personality. A study among young offenders on probation [J]. Personality and Individual Differences, 2007, 42(7): 1243-1253.

[63] Habib, F., Bastl, M. and Pilbeam, C. Strategic responses to power dominance in buyer-supplier relationships: a weaker actor's perspective [J]. International Journal of Physical Distribution and Logistics Management, 2015, 45(1/2): 182-203.

[64] Hahn, T., Figge, F., Pinkse, J. and Preuss, L. A paradox perspective on corporate sustainability: descriptive, instrumental, and normative aspects [J]. Journal of Business Ethics, 2018, 148(2): 235-248.

[65] Hair, J.F., Hult, G.T.M., Ringle, C.M., & Sarstedt, M. A primer on partial least squares structural equation modeling (PLS-SEM) [M]. Los Angeles: Sage Publications, 2014.

[66] Hajmohammad, S., Klassen, R.D. and Vachon, S. Managing supplier sustainability risk: an experimental study [J]. Supply Chain Management, 2023, 29(1): 50-67.

[67] Handley, S. M. and Benton Jr, W. C. The influence of exchange hazards and power on opportunism in outsourcing relationships [J]. Journal of Operations Management, 2012, 30(1-2): 55-68.

[68] Hansen, P. G., & Jespersen, A. M. Nudge and the manipulation of

choice: A framework for the responsible use of the nudge approach to behaviour change in public policy[J]. European Journal of Risk Regulation, 2013, 1: 3-28.

[69] Haq, M.Z.U., Gu, M. and Huo, B. Enhancing supply chain learning and innovation performance through human resource management[J]. Journal of Business & Industrial Marketing, 2020, 36(3): 552-568.

[70] Hardisty, D. J., Johnson, E. J., & Weber, E. U. A dirty word or a dirty world? Attribute framing, political affiliation, and query theory [J]. Psychological Science, 2010, 21(1): 86-92.

[71] Harwood, I., Humby, S. and Harwood, A. On the resilience of corporate social responsibility[J]. European Management Journal, 2011, 29(4): 283-290.

[72] Hendiani, S., Mahmoudi, A. and Liao, H. A multistage multi-criteria hierarchical decision-making approach for sustainable supplier selection [J]. Applied Soft Computing, 2020, 94, 106,456.

[73] Hockerts, K. A cognitive perspective on the business case for corporate sustainability[J]. Business Strategy and the Environment, 2015, 24(2): 102-122.

[74] Hoejmose, S. U., Grosvold, J., & Millington, A. Socially responsible supply chains: power asymmetries and joint dependence[J]. Supply Chain Management: An International Journal, 2013, 18(3), 277-291.

[75] Hofmann, H., Busse, C., Bode, C. and Henke, M. Sustainability-related supply chain risks: conceptualization and management[J]. Business Strategy and the Environment, 2014, 23(3): 160-172.

[76] Hollands, G. J., Shemilt, I., Marteau, T. M., Jebb, S. A., Kelly, M. P., Nakamura, R., Ogilvie, D. Altering micro-environments to change population health behavior: Towards an evidence base for choice architecture interventions[J]. British Medical Journal: Public Health, 2013, 13:1218.

[77] Hoppner, J.J., Griffith, D.A. and Yeo, C. The intertwined relationships of power, justice and dependence[J]. European Journal of Marketing, 2014, 48(9/10): 1690-1708.

[78] House, J., Lyons, E., & Soman, D. Towards a taxonomy of nudging

strategies[M]. Research Report Series: University of Toronto, 2013.

[79] Hsueh, C.F. Improving corporate social responsibility in a supply chain through a new revenue sharing contract[J]. International Journal of Production Economics, 2014, 151: 214-222.

[80] Huo, B., Tian, M., Tian, Y., & Zhang, Q. The dilemma of inter-organizational relationships: Dependence, use of power and their impacts on opportunism[J]. International Journal of Operations & Production Management, 2019, 39(1): 2-23.

[81] Huq, F. A., Stevenson, M., and Zorzini, M. Social sustainability in developing country suppliers: An exploratory study in the ready made garments industry of Bangladesh[J]. International Journal of Operations & Production Management, 2014, 34(5): 610-638.

[82] Huq, F. A., & Stevenson, M. Implementing Socially Sustainable Practices in Challenging Institutional Contexts: Building Theory from Seven Developing Country Supplier Cases[J]. Journal of Business Ethics, 2020, 161(2): 415-412.

[83] Husted, B. W., & de Jesus Salazar, J. Taking Friedman seriously: Maximizing profits and social performance[J]. Journal of Management studies, 2006, 43(1): 75-91.

[84] Ireland, R. D., & Webb, J. W. A multi-theoretic perspective on trust and power in strategic supply chains[J]. Journal of Operations Management, 2007, 25(2): 482-497.

[85] Jacobson, R.P., Mortensen, C.R., Jacobson, K.L.J., Cialdini, R.B., Self-control moderates the effectiveness of influence attempts highlighting injunctive social norms[J]. Social Psychological and Personality Science, 2015, 6 (6), 718 – 726.

[86] Jansson, J., Nilsson, J., Modig, F. and Hed Vall, G. Commitment to sustainability in small and medium-sized enterprises: The influence of strategic orientations and management values[J]. Business Strategy and the Environment, 2017, 26(1): 69-83.

[87] Jia, F., Zuluaga-Cardona, L., Bailey, A. and Rueda, X. Sustainable supply chain management in developing countries: An analysis of the literature[J]. Journal of Cleaner Production, 2018, 189: 263-278.

[88] Jiang, B. The effects of interorganizational governance on supplier's

compliance with SCC: an empirical examination of compliant and non-compliant suppliers[J]. Journal of Operations Management, 2009, 27(4): 267-280.

[89] Johnson, J. F. and Buckley, M. R. Multi-level organizational moral disengagement: Directions for future investigation[J]. Journal of business ethics, 2015, 130(2): 291-300.

[90] Johnson, E. J., & Goldstein, D. Do defaults save lives?[J]. Science, 2003, 302(5649): 1338-1339.

[91] Johnson, J. L., Sakano, T., Cote, J. A., & Onzo, N. The exercise of interfirm power and its repercussions in US-Japanese channel relationships[J]. Journal of Marketing, 1993, 57(2): 1-10.

[92] Joshi, S. and Li, Y. What is corporate sustainability and how do firms practice it? A management accounting research perspective[J]. Journal of Management Accounting Research, 2016, 28(2): 1-11.

[93] Kanter, R.M. How great companies think differently[J]. Harvard Business Review, 2011, 89(11): 59-67.

[94] Kaufmann, L., Rottenburger, J., Carter, C. R., and Schlereth, C. Bluffs, Lies, and Consequences: A Reconceptualization of Bluffing in Buyer-Supplier Negotiations[J]. Journal of Supply Chain Management, 2018, 54(2): 49-70.

[95] Keith, J. E., Jackson Jr, D. W. and Crosby, L. A. Effects of alternative types of influence strategies under different channel dependence structures[J]. The Journal of Marketing, 1990: 30-41.

[96] Kirchoff, J. F., Tate, W. L., and Mollenkopf, D. A. The impact of strategic organizational orientations on green supply chain management and firm performance[J]. International Journal of Physical Distribution & Logistics Management, 2016, 46(3): 269-292.

[97] Kish-Gephart, J., Detert, J., Treviño, L. K., Baker, V. and Martin, S. Situational moral disengagement: Can the effects of self-interest be mitigated?[J]. Journal of Business Ethics, 2014, 125(2): 267-285.

[98] Klassen, R. D., Shafiq, A. and Johnson, P. F. Opportunism in supply chains: Dynamically building governance mechanisms to address sustainability-related challenges[J]. Transportation Research Part E: Logistics and Transportation Review, 2023, 171, 103021.

[99] Koster, M., Vos, B. and van der Valk, W. Drivers and barriers for adoption of a leading social management standard (SA8000) in developing economies[J]. International Journal of Physical Distribution & Logistics Management, 2019, 49(5): 534-551.

[100] Kouchaki, M., Smith-Crowe, K., Brief, A. P., & Sousa, C. Seeing green: Mere exposure to money triggers a business decision frame and unethical outcomes[J]. Organizational Behavior and Human Decision Processes, 2013, 121(1): 53-61.

[101] Krause, D. R., Handfield, R. B., and Tyler, B. B. The relationships between supplier development, commitment, social capital accumulation and performance improvement[J]. Journal of operations management, 2007, 25(2): 528-545.

[102] Latham, G. P. and Pinder, C. C. Work motivation theory and research at the dawn of the twenty-first century[J]. Annual Review of Psychology, 2005, 56: 485-516.

[103] Lee, S.Y. and Klassen, R.D. Drivers and enablers that foster environmental management capabilities in small-and medium-sized suppliers in supply chains[J]. Production and Operations Management, 2008, 117(6): 573-586.

[104] Lim J J, Dai J, Paulraj A .Collaboration as a structural aspect of proactive social sustainability: the differential moderating role of? distributive and procedural justice[J]. International journal of operations & production management, 2022, 42(11): 1817-1852.

[105] Liu, L., Zhang, M., Hendry, L. C., Bu, M. and Wang, S. Supplier Development Practices for Sustainability: A Multi-Stakeholder Perspective[J]. Business Strategy and the Environment, 2018, 27(1): 100-116.

[106] Locke, R. M., Rissing, B. A. and Pal, T. Complements or substitutes? Private codes, state regulation and the enforcement of labour standards in global supply chains[J]. British Journal of Industrial Relations, 2013, 51(3): 519-552.

[107] Lund-Thomsen, P., Nadvi, K. Global value chains, local collective action and corporate social responsibility: a review of empirical evidence[J].Business Strategy and the Environment, 2010,19(1): 1-13.

[108] Luo, Y. The independent and interactive roles of procedural, distributive, and interactional justice in strategic alliances [J]. Academy of Management Journal, 2007, 50(3): 644-664.

[109] Lusch, R. F., & Brown, J. R. A modified model of power in the marketing channel[J]. Journal of marketing research, 1982, 312-323.

[110] Maloni, M., & Benton, W. C. Power influences in the supply chain [J]. Journal of Business Logistics, 2000, 21(1): 49-74.

[111] Marculetiu A., Ataseven C., and Mackelprang, A. W., A review of how pressures and their sources drive sustainable supply chain management practices[J]. Journal of Business Logistics, 2023, 44: 257 – 288.

[112] Matthews, L., Power, D., Touboulic, A. and Marques, L. Building bridges: toward alternative theory of sustainable supply chain management[J]. Journal of Supply Chain Management, 2016, 52(1): 82-94.

[113] Mena, C., Humphries, A., and Choi, T. Y. Toward a Theory of Multi-Tier Supply Chain Management [J]. Journal of Supply Chain Management, 2013, 49(2): 58-77.

[114] Moore, G. The fair trade movement: Parameters, issues and future research[J]. Journal of business ethics, 2004, 53(1-2): 73-86.

[115] Moore, C., Detert, J. R., Klebe Treviño, L., Baker, V. L., & Mayer, D. M. Why employees do bad things: Moral disengagement and unethical organizational behavior [J]. Personnel Psychology, 2012, 65(1): 1-48.

[116] Morris, M.W., Hong, Y., Chiu, C., Liu, Z. Normology: integrating insights about social norms to understand cultural dynamics [J]. Organizational Behavior and Human Decision Processes, 2015, 129: 1-13.

[117] Naffin, J., Klewitz, J., and Schaltegger, S. Sustainable development of supplier performance. An empirical analysis of relationship characteristics in the automotive sector[J]. Corporate Social Responsibility and Environmental Management, 2023, 30(4): 1753-1769.

[118] Narasimhan, R., Narayanan, S. and Srinivasan, R. An investigation of justice in supply chain relationships and their performance impact [J]. Journal of Operations Management, 2013, 31(5): 236-247.

[119] Narasimhan, R. and Talluri, S. Perspectives on risk management in supply chains[J]. Journal of Operations Management, 2009, 27(2): 114-118.

[120] Narimissa, O., Kangarani-Farahani, A. and Molla-AlizadehZavardehi, S. Evaluation of sustainable supply chain management performance: dimensions and aspects[J]. Sustainable Development, 2020, 28(1): 1-12.

[121] Nielsen, V. L. and Parker, C. Mixed motives: economic, social, and normative motivations in business compliance[J]. Law & Policy, 2012, 34(4): 428-462.

[122] Norheim-Hansen, A. Green supplier development: What's in it for you, the buyer?[J]. Business Horizons, 2023, 66(1): 101-107.

[123] Normann, U., Ellegaard, C. and Møller, M.M. Supplier perceptions of distributive justice in sustainable apparel sourcing[J]. International Journal of Physical Distribution and Logistics Management, 2017, 47(5): 368-386.

[124] Nyaga, G.N., Lynch, D.F., Marshall, D, and Ambrose E. Power asymmetry, adaptation and collaboration in dyadic relationships involving a powerful partner[J]. Journal of Supply Chain Management, 2013, 49(3): 42-65.

[125] Oka, C. Channels of buyer influence and labor standard compliance: the case of Cambodia's garment sector[J]. Advances in Industrial and Labor Relations, 2010, 17: 153-183.

[126] Panwar, R., Nybakk, E., Hansen, E. and Pinkse, J. Does the business case matter? The effect of a perceived business case on small firms' social engagement[J]. Journal of Business Ethics, 2017, 144(3): 597-608.

[127] Paulraj, A., Chen, I.J. and Blome, C. Motives and performance outcomes of sustainable supply chain management practices: A multi-theoretical perspective[J]. Journal of Business Ethics, 2017, 145(2): 239-258.

[128] Payan, J. M. and Mcfarland, R. G. Decomposing Influence Strategies : Argument Structure and Dependence as Determinants of the Effectiveness of Influence Strategies in Gaining Channel Member

Compliance channel[J]. Journal of Marketing, 2005, 69(3): 66-79.

[129] Pereira, M. M. O., Silva, M. E., and Hendry, L. C. Developing global supplier competences for supply chain sustainability: The effects of institutional pressures on certification adoption[J]. Business Strategy and the Environment, 2023, 32(7): 4244-4265.

[130] Perez, F. and Sanchez, L.E. Assessing the evolution of sustainability reporting in the mining sector[J]. Environmental Management, 2009, 43(6): 949-961.

[131] Peters, N. J., Hofstetter, J. S., and Hoffmann, V. H. Institutional entrepreneurship capabilities for interorganizational sustainable supply chain strategies[J]. The International Journal of Logistics Management, 2011, 22(1): 52-86.

[132] Plambeck, E. L. and Taylor, T. A. Supplier evasion of a buyer's audit: Implications for motivating supplier social and environmental responsibility[J]. Manufacturing & Service Operations Management, 2016, 18(2): 184-197.

[133] Ponte, R. C. D. V., Viana, F. L. E., and Silva, M. E. Diving into the business strategy: The strategy tripod's influence on supply chain sustainability orientation[J]. Business Strategy and the Environment, 2023, 32(4): 2155-2174.

[134] Porteous, A.H., Rammohan, S. V. and Lee, H. L. Carrots or sticks? Improving social and environmental compliance at suppliers through incentives and penalties[J]. Production and Operations Management, 2015, 24(9): 1402-1413.

[135] Pulles, N.J., Veldman, J., Schiele, H. and Sierksma, H. Pressure or pamper? The effects of power and trust dimensions on supplier resource allocation[J]. Journal of Supply Chain Management, 2014, 50(3): 16-36.

[136] Rauer, J., & Kaufmann, L. Mitigating external barriers to implementing green supply chain management: A grounded theory investigation of green-tech companies' rare earth metals supply chains[J]. Journal of Supply Chain Management, 2015, 51(2): 65-88.

[137] Raven, B. H., & Kruglanski, A. W. Conflict and power[J]. The structure of conflict, 1970: 69-109.

[138] Reimann, F. and Ketchen Jr, D.J. Power in supply chain management [J]. Journal of Supply Chain Management, 2017, 53(2): 3-9.

[139] Reuter, C., Foerstl, K. A. I., Hartmann, E. V. I., and Blome, C. Sustainable global supplier management: the role of dynamic capabilities in achieving competitive advantage [J]. Journal of Supply Chain Management, 2010, 46(2): 45-63.

[140] Rhoads, K., & Cialdini, R. The Business of Influence: Principles that Lead to Success in Commercial Settings [M]. In M. Pfau and J. Dillard (Eds.). The Persuasion Handbook. Sage Press, 2023.

[141] Sancha, C., Gimenez, C. and Sierra, V. Achieving a socially responsible supply chain through assessment and collaboration [J]. Journal of Cleaner Production, 2016, 112, 1934-1947.

[142] Sánchez-Medina, P. S., Díaz-Pichardo, R., Bautista-Cruz, A. and Toledo-López, A. Environmental compliance and economic and environmental performance: Evidence from handicrafts small businesses in Mexico [J]. Journal of Business Ethics, 2015, 126 (3): 381-393.

[143] Schmidt, C., Foerstl, K. and Schaltenbrand, B. The supply chain position paradox: Green practices and firm performance [J]. Journal of Supply Chain Management, 2017, 53(1): 3-25.

[144] Shafiq, A., Johnson, P.F. and Klassen, R.D., Building synergies between operations culture, operational routines, and supplier monitoring: implications for buyer performance [J]. International Journal of Operations and Production Management, 2022, 42: 687-712.

[145] Silva, M.E., Pereira, M.M.O. and Hendry, L.C. Embracing change in tandem: resilience and sustainability together transforming supply chains [J]. International Journal of Operations & Production Management, 2023, 43(1), 166-196.

[146] Simpson, R. D. and Bradford III, R. L. Taxing variable cost: Environmental regulation as industrial policy [J]. Journal of Environmental Economics and Management, 1996, 30(3): 282-300.

[147] Singh, J., Hamid, A.B.A. and Garza-Reyes, J.A. Supply chain resilience strategies and their impact on sustainability: an investigation from the automobile sector [J]. Supply Chain Management, 2023, 28 (4): 787-802.

[148] Soundararajan, V., and Brown, J. Voluntary Governance Mechanisms in Global Supply Chains: Beyond CSR to a Stakeholder Utility Perspective[J].Journal of Business Ethics,2016, 134(1): 83-102.

[149] Stigler, G. J. The optimum enforcement of laws[J]. Journal of Political Economy, 1970, 78(3): 526-536.

[150] Sunstein, C. R. , & Reisch, L. A. Automatically green: behavioral economics and environmental protection [J]. The Harvard environmental law review: HELR, 2014, 38(1): 127-158.

[151] Tao, R., Wu, J. & Zhao, H. Do Corporate Customers Prefer Socially Responsible Suppliers? An Instrumental Stakeholder Theory Perspective[J]. Journal of Business Ethics, 2023, 185, 689 – 712.

[152] Thaler, R.H. From cashews to nudges: The evolution of behavioral economics[J]. American Economic Review, 2018, 108(6): 1265-1287.

[153] Thaler, R. and Sunstein, C. Nudge: Improving Decisions About Health, Wealth, and Happiness [M].Yale University Press, New Haven, CT, 2008.

[154] Touboulic, A., Chicksand, D., & Walker, H. Managing Imbalanced Supply Chain Relationships for Sustainability: A Power Perspective[J]. Decision Sciences, 2014, 45(4), 577-619.

[155] Tversky, A. and Kahneman, D. Loss aversion in riskless choice: A reference-dependent model[J]. The Quarterly Journal of Economics, 1991,106(4): 1039-1061.

[156] Vanpoucke, E., Quintens, L. and Van Engelshoven, M. The role of motivation in relating green supply chain management to performance [J]. Supply Chain Management: An International Journal, 2016, 21(6): 732-742.

[157] Vormedal, I. Corporate strategies in environmental governance: Marine harvest and regulatory change for sustainable aquaculture[J]. Environmental Policy and Governance, 2017, 27(1): 45-58.

[158] Waheed A , Zhang Q .Effect of CSR and Ethical Practices on Sustainable Competitive Performance: A Case of Emerging Markets from Stakeholder Theory Perspective [J]. Journal of Business Ethics, 2022, 175: 837-855.

[159] Wilhelm, M. and Sydow, J. Managing Coopetition in Supplier Networks - A Paradox Perspective[J]. Journal of Supply Chain Management, 2018, 54(3): 22-41.

[160] Williamson, O. E., The Economic Institutions of Capitalism [M]. Free Press, New York, 1985.

[161] Yawar, S.A. and Seuring, S. Management of social issues in supply chains: a literature review exploring social issues, actions and performance outcomes[J]. Journal of Business Ethics, 2017, 141(3): 621-643.

[162] Zheng, X., Qin, X., Liu, X. and Liao, H. Will creative employees always make trouble? Investigating the roles of moral identity and moral disengagement. Journal of Business Ethics, 2019, 157(3): 653-672.